# 예수님의
# 마음알기

*Knowing Jesus' Heart*

김병삼

KB193100

규장

# 시대와 언어가 달라도 동일한 일,
## 주님의 마음을 헤아리기

단단한 초석 위에 세운 건물이라야 어떠한 외부의 충격에도 흔들리지 않습니다. 신앙 역시 마찬가지입니다. 그 기반을 잘 다져 놔야 견고하고 단단한 신앙을 세워갈 수 있습니다. 그래서 저는 2024년 한 해, 만나교회 성도들과 함께 〈다지기〉(Building Foundation)라는 주제 아래 신앙의 초석을 단단히 갈고닦는 시간을 보냈습니다.

어떻게 해야 신앙의 '기초'를 다질 수 있을까, 무엇이 신앙의 '기반'을 단단히 하는 방법일까 고민하며 기도하던 중에 한 가지 깨달음이 찾아왔습니다.

'아, 모든 것은 그분의 마음을 헤아리는 데서부터 시작하는 것이구나!'

이러한 생각으로 어떻게 해야 하나님의 마음을, 예수님의 마음을, 성령님의 마음을 헤아릴 수 있을지 숙고하며 이야기를 나누었습니다. 그중 예수님의 마음을 알고자 함께 나누었던 원고를 엮어 책으로 출간하게 되었습니다.

《예수님의 마음 알기》는 예수님을 올바르게 이해하기 위한 노력의 흔적입니다. 예수님을 더 잘 알고 그 말씀을 제대로 이해하기 위해 저는 예수님이 말씀하신 '비유'에 주목했습니다.

> 예수께서 이 모든 것을 무리에게 비유로 말씀하시고 비유가 아니면 아무것도 말씀하지 아니하셨으니 마 13:34

이 성경 구절처럼, 예수님은 공생애 기간에 말씀을 전하실 때 비유를 참 많이 사용하셨기 때문입니다.

예수님과 같은 시대에 같은 문화권에서 같은 언어를 사용하며 살아갔던 당시의 청중들은 예수님이 말씀하시는 비유의 속뜻을 쉽사리 알아챌 수 있었을 것입니다.

그러나 우리의 현실은 다릅니다. 우리는 예수님의 때와 너무나도 떨어진 시간 속에서 다른 언어를 사용하며 살아갑니다. 경제, 정치,

사회, 문화 등등 예수님의 때와 다른 점을 찾아보라면 무수히 많은 차이점을 나열할 수 있습니다.

그러므로 예수님의 말씀을 올바로 이해하기 위해서는 예수님이 말씀하신 비유의 참뜻과 맥락을 파헤치는 작업이 필요합니다.

"우리가 할 일은 예수를 에워싼 청중 뒤쪽에 서서 예수가 청중에게 하시는 말씀에 귀를 기울이는 것"이라는 케네스 베일리의 말처럼, 그당시 청중의 일부가 되어, 누가복음에 나오는 비유를 위주로 열두 편의 비유를 바라보고자 했습니다. 또 그들이 들었던 예수님의 비유 속 참뜻을 다시 우리의 오늘로 가져와 지금을 살아내고자 했습니다.

예수님이 말씀하신 비유를 파헤치면 파헤칠수록 드는 생각이 있었습니다. 예수님은 오로지 '하나님의 마음'을 전하길 원하셨고, 또 '하나님의 마음'만을 말씀하셨다는 것입니다.

예수님은 그런 '하나님의 마음'을 우리에게 알려주시려고 친히 상황, 인물, 단어 하나하나를 골라 비유를 지으셨습니다. 그리고 그 마음을 우리가 깨달아 이 땅을 살아가기를 원하십니다.

　예수님은 우리에게 말씀해주셨고, 이제 어떻게 살아갈 것인지의 몫은 그 말씀을 받은 우리에게 남겨져 있습니다.

　어쩌면 예수님이 말씀하신 비유의 속뜻을 파헤쳐 그 속에 숨겨져 있는 '예수님의 마음'을 헤아리는 일이 우리 마음을 불편하게 할지도 모르겠습니다. 말씀은 우리에게 쉽지 않기 때문입니다. 그러나 예수님의 마음을 알고 또 그 마음을 따라 사는 것이 좁은 문, 좁은 길로 들어가는 것입니다.

　부디《예수님의 마음 알기》가 우리를 향한 예수님의 마음을 헤아리고, 예수님을 올바로 이해하며, 좁은 문, 좁은 길을 기꺼이 택하게 하는 하나의 계기가 될 수 있기를 바랍니다.

만나교회 목양실에서
김병삼 목사

Contents

# 2 천국의 원리를 헤아리기

*Knowing  Jesus'  Heart*

# 1
PART

# 신앙의 기초를
# 깊이 파기

# 이 세상에서의
## 물질
## 사용 설명서

**누가복음 12장 13-21절**

무리 중에 한 사람이 이르되 선생님 내 형을 명하여 유산을 나와 나누게 하소서 하니 이르시되 이 사람아 누가 나를 너희의 재판장이나 물건 나누는 자로 세웠느냐 하시고 그들에게 이르시되 삼가 모든 탐심을 물리치라 사람의 생명이 그 소유의 넉넉한 데 있지 아니하니라 하시고 또 비유로 그들에게 말하여 이르시되 한 부자가 그 밭에 소출이 풍성하매 심중에 생각하여 이르되 내가 곡식 쌓아 둘 곳이 없으니 어찌할까 하고 또 이르되 내가 이렇게 하리라 내 곳간을 헐고 더 크게 짓고 내 모든 곡식과 물건을 거기 쌓아 두리라 또 내가 내 영혼에게 이르되 영혼아 여러 해 쓸 물건을 많이 쌓아 두었으니 평안히 쉬고 먹고 마시고 즐거워하자 하리라 하되 하나님은 이르시되 어리석은 자여 오늘 밤에 네 영혼을 도로 찾으리니 그러면 네 준비한 것이 누구의 것이 되겠느냐 하셨으니 자기를 위하여 재물을 쌓아 두고 하나님께 대하여 부요하지 못한 자가 이와 같으니라

## 내가 정말 기대하는 가치는 무엇인가?

후배 목사님의 오랜 부탁으로 2박 3일간 교회의 여름 수련회를 인도하고 마지막 날 행사인 촌극 대회에서 심사를 본 적이 있습니다. 참가자들이 상처받지 않는 것을 목표로 심사했고, 1등부터 3등까지 순위가 가려졌습니다.

목사님이 봉투 세 개를 들고 시상하러 나오자 다들 현금이나 상품권 같은 것을 기대하는 눈치였습니다. 장난기 많은 목사님이 지금이라도 이 봉투를 바꿀 기회를 드리겠다고 했지만, 세 팀 중 아무도 바꾸지 않았습니다.

드디어 경품을 개봉할 시간이 되었습니다. 3등 봉투에서 나온 카드에는 "영적 능력을 갖추십시오"라고 적혀 있었고 경품은 '사도행전 1독'이었는데 아무도 기뻐하지 않았습니다. 2등에게는 "축복"이라는 단어가 적힌 카드와 함께 '40일 기도'라는 경품을 주었는데 역시 사람들 표정은 그다지 좋지 않았어요.

그래도 마지막 1등 상품은 상품권이 아닐까 하고 기대하는 마음이 있었던 것 같은데, 카드에 "천국 열쇠"라 적혀 있고 경품은 '교회 부엌 설거지'라고 하자 사람들에게서 실망하는 눈빛이 보였어요. 그 순간, '진짜 복된 상품들이 전혀 복으로 느껴지지 않는구나!'라는 생각이 들었습니다.

인생에 진짜 좋은 가치가 주어져도, 우리는 그것을 좋은 가치로 인식하지 못할 때가 많습니다. 그렇다면 우리가 기대하는 가치는 어떤 것일까요? 어쩌면 '물질'이라는 것이 우리 인생에 가장 중요한 가치로 자리잡은 것은 아닐까요?

그때의 기억이 이 책에서 찾아보고자 하는 '예수님의 마음 알기'와 연결되는 것 같습니다. 그토록 귀한 비유들을 세심하게 알려주신 예수님의 말씀이 '진짜 축복'으로 여겨질지 말입니다.

예수님이 가르치신 방법 중에 아주 독특한 방식이 비유를 사용하시는 것인데, 그 비유를 통해 예수님의 의도를 파악하는 것은 성경을 이해하는 데 중요한 포인트가 될 것입니다.

그중 12개의 비유를 이 책에서 보게 될 텐데 각 장의 비유마다 '예수님이 어떤 마음으로 이런 비유를 말씀하셨을까?' 생각하며 그분의 마음을 알아가는 복과 유익이 있기를 바랍니다.

이번 장에서는 첫 번째로 **어리석은 부자의 비유**를 통해 '공평'과 '탐심'이라는 주제를 생각해보려고 합니다. '물질'은 우리 삶과 밀접하게 연관되어 있고 우리 신앙의 상태와 우리가 어떤 사람인지를 가장 명확하게 보여줍니다. 예수님은 이 물질에 대해 어떤 마음이신지, 그리고 우리 속에 있는 진짜 마음은 무엇인지 한번 들여다보면 좋겠어요.

저는 설교하면서 우리 교인들에게 종종 "하나님의 말씀이 여러분의 마음을 불편하게 하는 역사가 일어났으면 좋겠습니다"라고 말합니다. 예수님의 마음을 알고 그 마음을 따라 사는 것은 어쩌면 좁은 길, 좁은 문으로 들어가는 것과 같습니다. 말씀은 우리에게 그렇게 쉽지 않기 때문입니다. 그 불편함이 이 책을 읽는 당신의 마음에도 일어나기를 바랍니다.

## 유산이 아니라 탐심의 문제

한 기독교 방송에서 "예수님이 하신 말씀 중에 '돈'에 대한 말씀이 참 많습니다"라고 말한 것 때문에 제게는 '돈만 아는 목사'라는 악의적인 수사가 붙어 있습니다. 《하나님, 솔직히 돈이 좋아요!》라는 책까지 써서 더 그런 것 같습니다.

그런데 성경에 물질에 관한 이야기가 참 많은 것은 사실입니다. 예수님은 왜 그렇게 돈 이야기를 많이 하셨을까요? 예수님도 돈이 좋아서 그러셨을까요?

그것은 우리 삶에서 '물질'이 차지하는 영향력이 그만큼 크다는 의미입니다. 돈이 우리 삶에 참 필요하지만, 잘못하면 우리에게 악함, 혹은 죄가 될 수도 있습니다. 돈을 '사랑'해야 하는지 '사용'해야 하는지 분명히 알지 못할 때 그렇습니다.

우리에게 잘 알려진 이 어리석은 부자의 비유의 결론으로 예수님은 "탐심을 물리쳐라"라고 말씀하셨습니다. 그러므로 이 탐심의 정체를 아는 것은 무척 중요합니다.

예수님이 이 비유에 앞서 어떤 말씀을 하셨는지 그 맥락을 보면 비유의 의도를 제대로 알고 말씀을 잘 이해할 수 있는데, 16절부터 시작되는 이 비유는 13절에서 어떤 사람이 유산 분배 문제를 언급한 것에 대한 예수님의 대답입니다.

> 무리 중에 한 사람이 이르되 선생님 내 형을 명하여 유산을 나와 나누게
> 하소서 하니 눅 12:13

성경에는 그 사람의 사정이 자세히 나와 있지 않지만, 형이 아버지의 유산을 독차지해서 억울한 마음에 예수님에게 도움을 요청한 것 같습니다. 유산 자체가 악한 것은 아닌데 그 유산을 독차지한 형 때문에 이 가정에 분란이 일어나게 된 것입니다.

어쩌면 꼭 형이 불의했다기보다는 동생이 불공평하다고 느끼는 감정의 문제일지도 모릅니다. 결국 유산을 가지고 다투는 이유가 '공평하지 않다'라는 생각에 기인한다는 것이죠. 그런데 이 유산 문제를 불공평하게 느끼는 것에 대한 예수님의 대답이 흥미롭습니다.

그들에게 이르시되 삼가 모든 탐심을 물리치라 사람의 생명이 그 소유의 넉넉한 데 있지 아니하니라 하시고 **눅 12:15**

예수님의 답은 "유산을 물리쳐라"가 아니라 "탐심을 물리쳐라"였습니다. 아버지가 남겨준 유산의 문제가 아니라, 그 유산을 가지고 탐심을 버리지 못하는 형제들의 문제라고 말씀하시는 것입니다. 사실 그 문제의 핵심에는 탐심(누구인지는 모르지만)이 있고, 이 탐심을 물리칠 수 있으면 해결할 수 있는 문제라는 것이지요.

## 물질은 죄가 없다

성경은 물질에 대하여 언제나 가치중립적입니다. 물질을 어떻게 사용하느냐를 이야기할 뿐, 물질이 악하거나 선하다고 말씀하지 않습니다. 이런 사고는 성경 전반에 흐르고 있습니다.

부자와 가난한 자가 싸우면 누구 편에 서야 할까요? 많은 사람이 너무나 쉽게 "가난한 사람 편에 서야 한다"라고 대답하는데, 성경은 그렇게 가르치지 않습니다. 성경의 대답은 늘 '옳은 사람 편에 서야 한다'입니다.

가난한 자와 부한 자가 함께 살거니와 그 모두를 지으신 이는 여호와시니라 **잠 22:2**

하나님은 가난과 부를 선과 악의 구조로 만들지 않고, 이 모두를 다 창조하셔서 우리가 같이 살게 하셨습니다. 그러니 우리가 사는 공동체 안에 가난한 자와 부자가 공존하는 것은 하나도 잘못된 일이 아닙니다.

부한 자의 의무는 가난한 자를 살피는 것입니다. 부자가 악한 이유는 부자이기 때문이 아니라 가난한 자를 돌보지 않기 때문이고, 가난한 자가 긍휼히 여김을 받아야 하는 것은 그가 선하기 때문이 아니라 긍휼의 대상이기 때문입니다.

작고하신 고(故) 하용조 목사님이 교회 성도도 아닌데 소위 말하는 이 사회의 지도층과 유명한 사람들을 데리고 성경 공부를 하신 적이 있습니다. 그래서 왜 목사님이 저렇게 특별한 사람들을 위해 성경 공부를 하느냐고 묻는 사람이 있었는데 그때 목사님이 이렇게 이야기했다고 합니다.

"저 사람들에게 더 복음이 필요해요. 이 세상에는 돈 많은 사람들이 훨씬 더 공허하고 아프니 복음이 필요한 거예요!"

복음을 전하고 교회 생활을 하는 자로서 우리는 가진 자와 가지지 않은 자의 이분법적 구도로 세상을 볼 게 아니라 '누구에게 복음이 필요한가'를 바라보아야 할 것입니다.


여호와 하나님이 그 사람에게 명하여 이르시되 동산 각종 나무의 열매는 네가 임의로 먹되 선악을 알게 하는 나무의 열매는 먹지 말라 네가

**먹는 날에는 반드시 죽으리라 하시니라** 창 2:16,17

이 구절은 하나님께서 주시는 물질의 축복을 바라보는 시각을 분명하게 알려줍니다. 하나님께서 축복하신 것들에 대한 첫 번째 명령은 "임의로 먹"으라는 것으로, 영어성경(NIV)에는 "you are free to eat"이라 되어 있습니다. 에덴동산에 있는 것 모두 자유롭게 먹으라고 허락하신 것입니다.

이러한 '긍정'에서 시작한 후 두 번째로, 선악을 알게 하는 나무는 먹지 말라는 부정의 명령이 나옵니다. 창조한 이 세상을 선하게 사용할 수 있도록 먼저 권한을 주신 후에 "저 동산에 선악을 분별하게 하는 열매가 있는데 그것은 절대 먹지 마라"라고 금하신 것입니다.

저는 이 말씀을 이렇게 해석합니다. 우리 삶에서 물질이나 문화나 환경을 부정적으로 보지 말고 긍정적으로 보며 잘 사용하되 무엇을 하지 말아야 하는지를 분명히 하라는 것입니다.

하나님은 모든 것을 금하거나 나쁘게 보신 게 아니라 모든 것을 우리에게 선하게 주셨고, 그중 우리가 지킬 것이 있다고 하셨습니다. 이것이 세상을 바라보는 올바른 신앙관입니다. 그래서 기독교인은 이 세상을 악하게 보는 것이 아니라, 이 선한 세상 가운데서 할 것과 하지 말 것을 구별할 줄 알아야 합니다.

## 탐심을 물리치는 방법은?

예수님은 이 비유를 통해 '물질의 악함'이 아니라, 그 물질을 선하게 사용하지 않는 부자의 악한 행동을 지적하셨습니다. 그리고 탐심을 물리치는 방법도 알려주셨습니다.

탐심을 물리치기 위해서는 사람의 생명이 그 소유의 넉넉함에 있지 않다는 것을 알아야 한다는 것입니다. 생명은 소유보다 더 귀하다는 말씀입니다. 많이 가졌다고 해서 그것이 자기에게 생명이라고 착각하면 안 됩니다. 그러니 자신의 소유를 사랑하는 게 아니라 잘 사용하는 방법을 알아야 합니다.

목사이자 작가, 편집자인 스카이 제서니는 그의 책 《예수님의 진심》(What If Jesus Was Serious?)에서 돈의 위험하고 어두운 면을 이야기했습니다. 돈이 있으면 필요한 것을 사고 가난한 사람이 누릴 수 없는 온갖 기회를 누릴 수 있으며, 사람들을 좌지우지하고 세상을 마음대로 주무를 수 있다 보니 돈은 '하나님을 대신할 아주 매력적인 대안'이 된다는 것입니다.

그래서 돈처럼 강력한 우상에 완전히 빠진 마음은 하나님을 믿을 필요성을 느끼지 못하고, 나아가 더 많은 돈을 얻기 위한 도구로 하나님을 이용하려 한다고 지적한 후, 의로운 사람은 삶의 통제권을 하나님께 드리고 자신의 부를 하나님께 영광을 돌리기 위한 도구로 사용한다고 말했습니다.

양심에 손을 얹고 정직하게 생각해봅시다. 내가 가진 돈의 힘으로 누군가를 통제하려고 한 적은 없었나요? 마치 내가 주인인 것처럼 되어서 돈만 보이고 다른 사람들이 눈에 들어오지 않는다면 그것은 돈이 내 삶의 주인 된 것입니다.

돈이 꼭 필요한 것이라면 그것을 잘 사용하는 방법을 알아서 우리 인생에서 복된 것이 되게 해야 합니다. 중요한 것은 잘 사용하기 위해서는 '탐심'을 물리쳐야 한다는 사실입니다.

영어성경(NIV)에서는 "탐심을 물리치라"를 "watch out!"(조심하라)이라고 했습니다. 탐심을 물리친다는 것은 물질에 대하여 늘 조심하는 마음을 가지고 있어야 한다는 말이지요. 유진 피터슨은 메시지 성경에서 이 부분을 이렇게 풀이했습니다.

> 예수께서 사람들에게 말씀하셨다. "조심하여라! 털끝만한 탐심에도 빠져들지 않도록 너희 자신을 지켜라. 너희의 소유가 많더라도, 그 소유가 너희의 삶을 규정해 주지 않는다." 눅 12:15, 「메시지」

이 말씀 후에 예수님은 어리석은 부자의 이야기를 시작하셨습니다. 소유를 자기 것으로 생각하고 창고를 짓는 부자를 우리는 왜 '어리석다'라고 생각하나요? 성경에서 예수님이 그렇게 말씀하시니 그렇게 받아들였을 뿐, 우리가 추구하는 인생은 이 부자와 크게 다르지 않습니다. 아니, 오히려 이러한 부자의 모습을 가장 지혜롭다고 생각하지는 않나요?

## 탐심은 마음의 감옥

미국의 철강 재벌 앤드류 카네기는 33세에 사업가로 성공하고 〈나에게 쓰는 글〉이라는 비망록을 쓰면서 "부의 축적은 우상숭배 중에서도 최악에 속한다. 돈을 숭배하는 것보다 사람의 격을 떨어뜨리는 우상은 없다"라고 통찰했습니다.

그러면서 "2년 후에는 사업에서 손을 뗄 것이며 오후 시간은 꼭 공부하고 체계적으로 책을 읽으며 보내고 싶다"라고 썼지만, 결국 그렇게 하지 못했고 오히려 사람의 격을 떨어뜨리는 결과가 그의 삶에서 많이 나타났습니다.

그는 사실 큰일을 많이 했습니다. 2,059개의 도서관을 지어 기부하기도 했습니다. 그러나 그가 운영하던 제철소의 노동자들은 낮은 임금과 열악한 작업 환경에서 고통당했고, 한 노동자는 다른 노동자들을 대변하여 "우리가 그에게 바란 것은 도서관 건축이 아니라 임금 인상"이라고 인터뷰하기도 했습니다.

그는 좋은 일에 돈을 쓴다고 생각했지만, 자기가 소유한 것을 자기 것으로 알고 자기가 원하는 대로 썼기에 그가 일하는 곳의 많은 사람이 어려움을 당했던 것입니다.

돈이 자기 마음속의 우상임을 알면서도 그것을 뿌리 뽑을 방도를 몰랐던 카네기처럼, 돈의 위험성을 안다고 해서 이 문제가 쉽게 해결되지는 않습니다. 하나님 앞에 정직한 존재가 되어 똑바로 서지 않는다면 돈의 유혹을 이기는 것은 무척 어렵기 때문입니다.

어리석은 부자는 늘 '내', '나'라는 말을 입에 달고 삽니다. '내'가 일해서 '내'가 모은 것을 '나'를 위해서 쓰기 위해 준비하는 것이죠. 탐심이 있으면 우리 또한 이 어리석은 부자의 말을 계속 반복하여 돈을 '내가', '나를 위해' 쓰고 '나'의 기쁨을 추구합니다. 그러면서 타인은 관심 밖이 되고 '내 것'을 보호하기 위해 창고를 짓고 성을 쌓기 시작합니다.

어쩌면 당신은 알뜰하게 돈을 모아 집을 넓혀가는 중인지도 모릅니다. 힘들게 번 돈으로 자녀들을 공부시켜 성적이 오르는 보람을 느낄 수도 있겠지요. 목회자 중에는 교회 건물을 잘 지었더니 점점 사람이 많이 찾아와서 즐거워하는 이도 있을 것입니다.

문제는 '나'를 위해 모으는 인생은 타인에 대한 관심이 줄어들고 자신에게 집중한다는 것입니다. 자신을 위해 준비한 것들이 결국 높은 성벽이 되어 관계의 단절을 가져옵니다.

조금 더 지나치게 이야기한다면, 내 재산이 늘어가고 창고가 차는 것이 기쁨이 되니 이 기쁨을 더 누리기 위해 이런 생각까지 하게 됩니다. 내가 고용한 사람들이 일을 좀 더 해줬으면 좋겠고, 돈을 모으려면 그들의 임금을 올려줘서는 안 될 것 같고, 모은 것을 잃지 않기 위해 돈을 지키는 사람을 세워야 할 것만 같습니다.

예수님은 이것을 '탐심'이라고 말씀하십니다. 탐심이 들어가면 주변이 보이지 않고 하나님도 보이지 않습니다. 탐심의 창고를 지을 때마다 '마음의 감옥'을 짓고 있는 것이지요.

한 선교사님은 상담하던 아이가 "초등학교 때는 엄마하고 대화도 많이 해서 좋았는데 지금은 엄마가 내 과외비와 동생 학원비를 벌기 위해 일하러 나가시면서 대화할 시간을 거의 잃어버렸어요"라고 했다며, 우리가 무엇을 위해 그토록 창고 짓기에 매달리는지 안타까워했습니다.

## 왜 이 부자가 어리석은 사람인가

어리석은 부자의 비유가 지적하는 문제는 '돈이 많은 것'이 아니라 그 많은 돈으로 '자기를 위해 창고를 짓는 것'입니다. 이 부자는 얼마나 많은 소출을 얻었는지, 그것을 두기에는 창고가 부족해서 더 큰 창고를 짓고 흡족한 마음으로 자신에게 이렇게 말합니다.

또 내가 내 영혼에게 이르되 영혼아 여러 해 쓸 물건을 많이 쌓아 두었으니 평안히 쉬고 먹고 마시고 즐거워하자 하리라 하되 눅 12:19

세상의 기준으로 볼 때 크게 잘못된 것이 없어 보이는 대목입니다. 그런데 하나님께서 이 부자를 보시며 "어리석은 자여"라고 말씀하십니다.

하나님은 이르시되 어리석은 자여 오늘 밤에 네 영혼을 도로 찾으리니

그러면 네 준비한 것이 누구의 것이 되겠느냐 하셨으니 자기를 위하여
재물을 쌓아 두고 하나님께 대하여 부요하지 못한 자가 이와 같으니라
눅 12:20,21

왜 하나님은 이 부자를 '어리석은 자'라고 규정하셨을까요?

첫째, 그가 자기만족에 빠져 있기 때문입니다. 성경은 그런 자를
교만한 자, 가장 어리석은 사람이라고 말씀합니다. 자신의 노력으로
이루었다고 생각하는 인간의 교만은 감사를 잃어버린 삶을 살게 합
니다.

둘째, 그가 '생명의 유한성'을 모르고 있기 때문입니다. 하나님이
생명을 거두어 가시는 순간 우리가 이 세상에서 쌓아놓은 부귀영화
는 아무 쓸모가 없어지는데 자기가 가지고 떠날 수 없는 재물을 제
것으로 생각하는 것이 어리석다는 것입니다.

4세기에 활동한 교부 암브로시우스는 "우리가 가지고 떠날 수 없
는 것들은 우리 소유가 아니다. … 우리가 베풀었던 긍휼만이 우리를
따라올 뿐이다"라고 말했습니다.

인생을 준비하는 것은 잘못된 일이 아니며 오히려 좋은 일이지만,
어떤 것을 준비하든 그것이 내게 속한 게 아니라는 것을 알고 믿어야
탐심에 빠지지 않을 수 있습니다.

그러니 인생의 진정한 가치는 '창고에 모으는' 것이 아니라 '하늘나
라에 쌓는' 방법을 아는 것입니다. 가치를 상실하면 무가치한 것이 되

고 생명의 유한성을 모르면 어리석은 일을 할 수밖에 없습니다.

돈을 최고의 가치로 생각하고 자신의 생명도 무한하리라고 착각하는 부자에게 하나님은 이렇게 말씀하십니다.

"어리석은 자여 오늘 밤에 네 영혼을 도로 찾으리니…"

무서운 말씀입니다. 가진 소유로 인하여 생명이 넉넉한 게 아닙니다. 우리는 그 소유가 '내 것'이라고 착각하고 있지만, 오늘 밤에 하나님께서 생명을 거두어 가신다면 그것은 절대 내 것이 아닙니다. 그래서 주님은 아주 안타까운 마음으로 그 부자를 보십니다.

"예수 잘 믿고 부자 되고 많이 누리세요"라고 말하면 참 좋겠지만, 예수님이 가르쳐주신 삶의 방식은 나 자신을 위해 쌓고 모으는 게 아닙니다. 주님은 우리에게 그분이 주신 돈과 재능, 건강을 어떻게 사용할 것인지를 물으십니다. 어리석음을 벗어나는 첫걸음은 이것을 아는 것입니다.

## 공공성을 상실한 교회

코로나가 끝나가는 엔데믹 시점에서 한국 교회는 '코로나 때 교회를 떠나간 사람들을 어떻게 예배로 불러 모을 것인가'를 가장 큰 숙제로 여겼습니다. 그런데 막상 코로나가 끝나니 큰 문제가 없는 교회, 어느 정도 규모를 가진 교회에는 예배공동체로 사람들이 다시 모여들기 시작했습니다.

대신 교회는 뼈아픈 현실을 맞이해야 했습니다. 교회가 신앙적 본질에서 벗어났다는 것, 그리고 세상의 신뢰를 잃어버렸다는 것입니다. 본질이 회복되지 않은 예배는 아무런 의미도 갖지 못하기 때문에 저는 예배자들 가운데 복음의 본질이 회복되는 것이 예배 회복보다 더 중요하다고 생각되었습니다.

교회가 이 세상의 공적 존재로서 영향력을 잃은 원인으로 지목된 것은 '공공성'을 상실한 교회의 지극히 이기적인 모습이었습니다. 복음의 본질을 아는 것과 관련해 저는 하나님을 믿는 우리와 우리의 교회들이 이 세상에 대하여 공공선에 대한 책임을 갖고 있는지를 묻게 되었습니다.

우리가 아무리 부인해도, 교회들 스스로 어리석은 부자처럼 자기 재물을 채워두고 만족하고 있었습니다. 하나님이 우리를 부르셔서 이 땅 위에 살아가게 하셨다면 우리가 져야 하는 책임이 마땅한데, 언제부터인가 우리는 교회 안에서 우리가 가진 것과 힘을 자랑하고 있었습니다.

자기를 위해 창고를 짓고 성을 쌓을수록 이기적이고 완고한 사람이 되어갑니다. 교회가 가진 것이 하나님의 영광이라는 주장은 사실이 아닙니다. 어리석은 부자가 하던 '나', '내가'라는 말에 '교회'를 집어넣으면 별반 다르지 않은 모습입니다. 결국 '어리석은 교회'가 되어버린 것입니다.

풀러신학교 총장을 지낸 리처드 마우 교수가 《무례한 기독교》

(Uncommon Decency)라는 책에서 말했듯, '나는 아무 잘못이 없어'라는 자기 확신 속에서는 타인에 대한 배려도 사라져버립니다.

사실 우리가 자랑해야 할 것은 교회가 가지지 않은 것들입니다. 하나님이 주신 것을 어떻게 사용하고 나누었다는 자랑, 그 고백이 있어야 합니다. 하나님께서 맡겨주신 것을 가지고 어떻게 살아가느냐가 중요하지, 돈이 많고 적음은 문제가 아닙니다.

2000년 기독교 역사 가운데 '좋은 존재(being)가 선한 일(doing)을 하는가, 선한 일을 해야 좋은 존재가 되는가?'의 논쟁이 계속 있어왔습니다. 한 가지 분명한 사실은 선한 사람은 선한 일을 한다는 것입니다. 선한 일을 하지 않는 선한 존재는 거짓이지요.

완전할 수는 없지만 이런 결론에 이르게 됩니다. 누구도 선한 일로 인해 선한 존재가 되는 것은 아니지만, 선한 일을 하다가 보면 선한 존재가 되지 않을까요? 어떤 존재가 되느냐는 것은 어떤 일을 하느냐에 달린 것이지요.

구원받고 선한 자가 되었다면서 선한 일을 하지 않는다면 그것은 자기를 기만하고 속이는 일입니다. 하나님께서 우리로 선한 일을 하도록 부르신 것을 분명히 알고 있어야 합니다.


## 주인의식을 가지고 잘 사용하라

인간의 가치는 소유를 넉넉하게 가지는 데 있지 않습니다. 인간의 소유는 근원적으로 하나님께 속한 것이기 때문입니다. 자신의 소유권을 주장할 권리가 인간에게는 없습니다. 하나님의 말씀을 가만히 묵상해보시기 바랍니다.

> 하나님은 이르시되 어리석은 자여 오늘 밤에 네 영혼을 도로 찾으리니 그러면 네 준비한 것이 누구의 것이 되겠느냐 하셨으니 **눅 12:20**

거듭 말씀드리지만, 돈이 절대로 나쁜 것이 아닙니다. 물질은 필요합니다. 그러나 그것이 탐심에 의하여 움직이지 않도록 주의해야 합니다. 성경은 물질을 소유하는 것 자체를 반대하는 것이 아닙니다. 그 소유가 탐심으로 인한 것이 아닌지를 경계하고, 죽음과 관계지어서, 우리에게 주어진 것들을 어떻게 사용하느냐를 생각해보게 합니다.

물질에 관해 전통적으로 내려오는 성경적 메시지는 '청지기 정신'입니다. 하나님께서 각자에게 재능과 물질, 건강과 시간을 주셨고, 이것을 받은 사람들은 청지기로서 받은 것을 잘 관리해야 한다는 것입니다.

저는 여기에 하나를 덧붙이고 싶습니다. 하나님이 맡겨주셨다는 데서 끝나지 않고, 그 맡겨주신 것을 '주인의식'을 가지고 잘 사용하고 관리해야 한다는 것입니다. 청지기 의식만 가지고 "이것은 하나님의 것입니다"라고 방치한다면 잘못 살아가는 것입니다. 진정한 청지기 정신은 허락된 재능과 물질을 우리가 살아 있는 동안 잘 활용하는 것입니다.

한국 사회의 복지 분야 활동에서 자금 출처의 60퍼센트 이상이 교회 혹은 교회 관련 단체라는 통계가 있습니다. 하지만 죽음과 관계된 '유산 기부'는 아직 풀지 못한 숙제입니다.

저는 몇 년 전부터 유산 기부 운동을 시작했는데 사실 이 운동의 초점은 죽어서 어떻게 재산을 나누고 쓸 것이냐에 있지 않습니다. 하나님께서 우리에게 기회로 주신 '삶의 시간' 동안 물질과 시간 등 주어진 모든 자원을 어떻게 사용하느냐에 초점을 맞추어야 합니다.

저는 목사로서 중대형 교회 목회자들부터 먼저 본을 보이고 교인들이 말씀으로 따라올 수 있도록 해야겠다고 생각해왔습니다. 그러나 그 방식과 패턴을 모두가 똑같이 적용할 수는 없고 사람마다 교회마다 다를 수밖에 없지요. 다만 하나님께서 주신 소유를 제 것으로 여기지 않고 우리 삶에 사용할 수 있도록 하는 것은 크리스천에게 참 중요하다고 생각합니다.

이 말이 좀 세속적으로 들릴지 모르지만, 저는 예수 믿는 사람들이 '폼나게' 살았으면 좋겠습니다. 하나님께서 우리에게 주신 것들을 남기고 죽어서 상속세, 증여세로 가정에 분란을 일으키는 것이 아니라, 살아가는 동안 어떻게 하면 멋지게 잘 쓸 수 있는가를 생각하면 좋겠습니다. 물론 돈뿐만 아니라 건강과 재능도 다 포함해서 말이죠.

## 재물과 하나님을 겸하여 섬길 수 없다

이 어리석은 부자의 비유를 통해 물질관을 '나'에서 '우리'로, 그리고 '하나님의 관점'으로 넓혀보면 좋겠습니다.

청지기라는 사실을 잊으면 도둑이 될 수 있습니다. 청지기 의식을 잃어버리는 이유는 '탐욕'을 물리치지 못하기 때문입니다. 자신만을 생각하는 탐욕이 들어오면 물질에 사로잡히게 되는데, 이때 물질은 인간의 영을 사로잡는 악한 영이 됩니다.

예수님이 "집 하인이 두 주인을 섬길 수 없나니 혹 이를 미워하고 저를 사랑하거나 혹 이를 중히 여기고 저를 경히 여길 것임이라 너희는 하나님과 재물을 겸하여 섬길 수 없느니라"(눅 16:13)라고 말씀하셨을 때 바리새인들은 비웃었습니다.

바리새인들은 돈을 좋아하는 자들이라 이 모든 것을 듣고 비웃거늘

**눅 16:14**

재물을 사랑하는 자들은 주님의 말씀을 비웃습니다. 예수님 당시에도, 초대 교회에도, 그리고 우리가 사는 이 세상에도 재물을 사유화하고 만족해하는 어리석은 부자가 많이 있습니다. 그들은 주님의 말씀을 비웃지만, 성경은 이렇게 경고합니다.

들으라 부한 자들아 너희에게 임할 고생으로 말미암아 울고 통곡하라

너희 재물은 썩었고 너희 옷은 좀먹었으며 너희 금과 은은 녹이 슬었으니 이 녹이 너희에게 증거가 되며 불같이 너희 살을 먹으리라 너희가 말세에 재물을 쌓았도다 **약 5:1-3**

김형석 교수님은 《예수를 믿는다는 것》이라는 책에서 한 의사 가족의 이야기를 소개했습니다. 그 의사는 모은 돈으로 부동산에 손을 댔다가 쉽게 큰돈을 벌게 되자 환자 진료가 하찮게 느껴져 병원도 다른 이에게 양도하고 본격적으로 부동산에 뛰어들었습니다.

그러다 큰 문제가 생겨 아들까지 대학을 그만두고 부동산 일을 하게 했는데 결국 그 의사 아버지는 세상을 떠나고 아들도 대학 중퇴로 어려움을 당하게 되었다고 합니다.

그 의사의 불행한 말년이 비유 속의 어리석은 부자와 같다는 생각이 들지 않나요? 소명을 잃어버리고 육신과 물질의 만족을 추구하다가, 어느 날 하나님께서 생명을 거두어가시자 본인의 인생도 허무해지고 가족의 삶도 허물어졌습니다. 이러한 인생을 가리켜 예수님은 '어리석은 인생'이라고 말씀하십니다.

이 비유는 삶을 돌아보도록 권면합니다. 우리가 생각하고 주장하는 것들이 얼마나 이기적인지 깨달으라는 것입니다. 저 역시 당신에게 도전하고 싶습니다. 하나님이 우리를 부르신 이유와 삶의 가치를 생각할 때 주어진 모든 자원을 탐욕으로 다루지 않고 올바르게 쓸 수 있을 테니까요.

저는 그런 꿈을 꿉니다. 우리가 그렇게 살아가서 하나님의 역사가 일어나고, 세상이 우리를 바라보며 "예수 믿는군요", 우리의 교회들을 바라보며 "아, 교회 맞네"라고 말하는….

저도 노력하려고 합니다. 최선을 다해서 하나님의 마음을 따라 살아가려고 노력하는 일이 우리 가운데서 일어나야 하지 않을까요? 예수님을 믿는 성도라면 예수님의 마음을 알고 그 마음에 합하게 살아가는 것이 정상 아닐까요?

## 탐심을 물리쳐야 주님의 친구가 된다

예수님에게 자기의 유산 문제를 가지고 찾아온 사람을 주님이 어떻게 부르셨는지 기억하시나요? 그 호칭에 주목해보시기 바랍니다.

> 이르시되 이 사람아 누가 나를 너희의 재판장이나 물건 나누는 자로 세웠느냐 하시고 눅 12:14

이 '사람아'는 당시 중동지방에서 아주 퉁명스럽게 상대방을 부르는 말이었습니다. 이름을 부르지도 않고 '친구'라고 하지도 않고, 그냥 '사람'이라고 부르는 이 호칭은 마음에 들지 않을 때 쓰던 표현입니다. 즉, 예수님은 물질에 대하여 잘못 생각하는 그 사람을 질책하신 것입니다.

예수님 앞에 인생의 질문들을 가져갔는데 예수님이 "이 사람아, 언제까지 그렇게 살 거야?"라고 걱정하신다면 그는 얼마나 불쌍한 사람이겠습니까. 물질 문제로 우리는 주님에게 "이 사람아"가 될 수도 있고 "친구여"가 될 수도 있습니다. 그 물질로 인해 우리가 누구인지 분명히 드러나기 때문입니다.

제가 예순이 되면서 제 삶에 연습하려는 게 있습니다. 저는 귀하고 값나가는 것은 없지만, 20여 년 동안 어느 나라에 가든지 멋지고 특별한 십자가가 있으면 늘 사서 수집해왔습니다. 몇 년 전부터 그 십자가들을 선교 바자회에 많이 내놨지만 그래도 여전히 내놓지 못하는 십자가가 꽤 있었습니다.

그런데 올해 들어서 제가 정말로 귀하게 생각하는 십자가를 필요한 사람에게 나눠주기 시작했습니다. 아들을 먼저 떠나보낸 부모님에게 부활의 십자가를 주면서 위로가 되기를, 아들이 암으로 투병하고 있는 엄마에게 예루살렘에서 가져온 눈물 흘리는 예수님의 조각을 드리면서 위로가 되기를 바랐습니다.

내가 가졌기 때문에 가치 있는 것이 아니라 누군가 필요한 사람들에게 전해질 때 그것이 진짜 가치 있는 일입니다. 그것을 깨달은 후로는 모으기보다 나누며 살아가기를 연습하고 있습니다.

세상 물건을 쓰는 자들은 다 쓰지 못하는 자같이 하라 이 세상의 외형은 지나감이니라 **고전 7:31**

탐심을 물리쳐야 주님의 친구가 됩니다. 돈을 가지고 주님을 따르는 데는 아무 문제가 없지만, 탐심을 가지고 주님을 따를 수는 없습니다.

예수님이 당신을 보실 때 "이 사람아"가 아니라 "내 사랑하는 친구야, 네가 참 잘했구나"라고 말씀하시는 올바른 그리스도인의 삶을 살아가기를 주님의 이름으로 축복합니다.

# 성경을 확실하게
# 내 것으로
# 만들기

**누가복음 6장 46-49절**

너희는 나를 불러 주여 주여 하면서도 어찌하여 내가 말하는 것을 행하지 아니하느냐 내게 나아와 내 말을 듣고 행하는 자마다 누구와 같은 것을 너희에게 보이리라 집을 짓되 깊이 파고 주추를 반석 위에 놓은 사람과 같으니 큰물이 나서 탁류가 그 집에 부딪치되 잘 지었기 때문에 능히 요동하지 못하게 하였거니와 듣고 행하지 아니하는 자는 주추 없이 흙 위에 집 지은 사람과 같으니 탁류가 부딪치매 집이 곧 무너져 파괴됨이 심하니라 하시니라

## 신앙의 기초

경상국립대 초대 총장을 지낸 권순기 박사가 미국 매사추세츠공과대(MIT)에서 박사 후 과정으로 일할 때의 일입니다. 실험 중에 한 연구원이 실수로 불산(HF 수용액)을 쏟았습니다. 모두 당황해 우왕좌왕할 때 권 박사가 아세트산 칼슘 수용액을 그 위에 뿌리고 중화하여 이 위급한 상황을 수습했습니다.

실제로 학문의 기초가 되는 많은 부분은 고등학교 또는 대학교 학부 과정에서 배웁니다. 그 합성 반응의 원리는 그가 고등학교 때 배운 것인데 반복해서 외우고 온전히 자기 것으로 만든 덕분에 위기에 바로 적용할 수 있었다고 합니다.

권 박사는 이 일화를 통해 기초의 중요성을 이야기하면서 "기초는 단순히 아는 것을 넘어 실제 상황에서 그것을 바로 적용할 수 있도록 배우고 익히는(學而時習之·학이시습지) 체득화 과정이 더 중요하다"라고 강조했습니다.

기본이 잘 다져지면 위급한 상황이 닥쳤을 때 해결할 능력을 갖추게 됩니다. 학문과 운동뿐 아니라 신앙 역시 기본기가 잘 다져져 있느냐는 매우 중요합니다. 당신의 삶에 적용할 수 있는 신앙의 기초는 무엇인가요? 인생의 위기 가운데 어떤 것이 생각납니까? 그것이 말씀의 기초에 대한 부분일 것입니다.

이 장에서 살펴볼 **반석과 흙 비유**는 산상수훈(마태복음 5-7장 ; 누가복음 6장)의 결론에 해당합니다. 예수님이 왜 산상수훈의 결론 부분에 이 말씀을 하셨을까요?

이 의도를 분명히 아는 것이 중요합니다. 이 비유에서 믿는 자에게 가장 필요한 기초가 무엇인지를 알려주는 내용도 중요하고 기초를 튼튼히 하라는 가르침도 중요하지만, 예수님이 왜 이 말씀을 하시는지 그 마음을 볼 수 있기를 바랍니다.

너희는 나를 불러 주여 주여 하면서도 어찌하여 내가 말하는 것을 행하지 아니하느냐 **눅 6:46**

이 말씀에서 주님의 어떤 마음이 느껴집니까? '내가 이렇게 너희에게 이야기했는데 너희가 행하지 않는다면 어떡하겠느냐'라는 안타까운 마음이 느껴지지 않습니까?

행하지 않으면서 말씀을 그저 듣기만 하고 "주여, 주여"만 하면서 스스로 자기가 하나님을 믿는 사람이라고 생각하면 그는 올바른 그리스도인이 아닙니다. 예수님은 산상수훈 말씀을 다 전하신 후에 무리가 이 중요한 말씀을 듣는 것으로 그치고 행하지 않을 것이 염려되셨던 것 같습니다.

그래서 말씀을 행하는 것과 행하지 않는 것의 신앙적 기초를 집 짓는 문제에 비유해, '집을 반석 위에 지을 것이냐, 모래 위에 지을 것이냐', 그리고 '얼마나 땅을 깊게 파고 지을 것이냐'라는 건축의 비유로 들려주십니다.

말씀을 듣고 행한다는 것은 아주 기본적인 것입니다. 신앙의 기초는 말씀을 듣거나 "주여, 주여!" 하며 따라다니는 것이 아니라, 들은 말씀을 행하는 것입니다. 당신은 말씀을 듣고 나서 그 말씀을 얼마나 삶에 적용하고 실천하며 살아갑니까?

사실 우리 신앙의 문제는 주님의 말씀을 듣고 있지만 말씀대로 행하지 않는 것입니다. 말씀을 듣고, 들은 말씀을 행할 때 이 말씀이 우리에게 익숙해집니다. 그리고 이렇듯 말씀이 익숙해져야 삶에 적용될 수 있습니다.

## 주님의 말씀은 장식품이 아니다

누가복음과 마태복음 모두 동일하게 산상수훈의 결론을 '반석 위에 집짓기'로 맺고 있고 이것은 주님의 말씀을 듣고 순종하는 삶을 사는 것을 의미합니다.

그러므로 누구든지 나의 이 말을 듣고 행하는(puts them into practice, NIV) 자는 그 집을 반석 위에 지은 지혜로운 사람 같으니 마 7:24

영어성경으로 보면 '행하다'의 의미가 더욱 명확해지는데 'put them into practice'(말씀을 실천한다)라는 표현이 인상적입니다. 말씀을 듣고 그것을 실천하는 것이 반석 위에 집을 짓는 것이라는 의미입니다. 말씀을 아는 것과 행하는 것은 다릅니다.

이 말씀에 의하면, 반석 위에 지은 집은 어떤 홍수나 큰 바람이 온다 해도 무너지거나 흔들리지 않는다는 말씀입니다. 주님의 말씀을 듣고 행하는 자야말로 삶과 소유와 생명을 지킬 수 있는 지혜로운 사람입니다.

주님의 말씀을 듣는 것이 듣지 않는 것보다 낫지만, 들어도 행하지 않는다면 어떤 것도 이루어지지 않습니다. 듣고 아는 것만으로는 변화가 일어나거나 삶의 방식이 변하지 않기 때문에 이것은 마치 모래 위에 집을 짓는 것과 같습니다.

교회마다 묵상, 암송, 성경 필사 등 말씀과 관련된 프로그램이 많이 있고, 우리는 참 많은 말씀을 들으며 사는데 당신은 그것을 실제 삶에서 실천하고 있나요?

말씀을 많이 묵상하거나 암송하고 성경 필사를 하는 사람들이 잘못됐다는 것이 아닙니다. 그런 분들을 폄훼하려고 하는 말은 아니지만, 만일 일상생활 가운데서 늘 성경 암송이나 필사를 하는데 여기에 너무 시간을 투자해서 말씀대로 살 시간이 없다면 이것은 말씀을 반석 위에 세우는 것이 아닙니다.

유진 피터슨은 말씀을 말씀대로 살아가지 못하는 것을 마치 장식품과 같다고 표현했습니다.

너희는 내게 예의를 갖춰 '예, 선생님', '옳습니다, 선생님' 하면서도, 어째서 내가 명하는 것은 하나도 행하지 않느냐? 내가 너희에게 하는 이 말은, 너희 삶에 덧붙이는 장식이나 너희 생활수준을 높여 주는 리모델링 같은 것이 아니다. 눅 6:46, 『메시지』

산상수훈은 전도 메시지가 아니라 이미 주님을 알고 주님의 말씀을 듣겠다고 찾아온 사람들에게 하신 말씀입니다. 그러니 이 말씀은 적어도 하나님의 자녀로, 예수를 믿는 사람으로 말씀을 들으려 하는 우리에게 너무 정확한 것이죠. 요즘 말로 하면 제자가 되겠다는 사람들에게 '제자도'를 말씀하신 것입니다.

그런 사람들에게 권하는 공부가 '제자훈련'인데 이 훈련을 받고 "예, 선생님. 옳습니다"라고만 말하고 "나 훈련받았어", "나 양육받았어"에 그치는 것은 말씀을 그저 신앙의 장식품으로 만드는 것입니다. 중요한 것은 이 말씀을 행하여 실천하고 살아가는 것입니다.

## 하나님의 백성으로 사는 삶의 방식

예수님은 **반석과 흙 비유**에서 두 가지 삶의 방식을 대조하면서, 우리에게 하나님의 백성으로 사는 삶의 방식을 가르쳐주십니다. 주님이 말씀하시는 이 방식은 율법적인 삶을 사는 사람들과는 완전히 차원이 다른 일입니다.

예수님의 공생애 가운데 늘 대척점에 서 있는 사람들이 있었는데 바로 율법학자, 바리새인, 사두개인입니다. 그들의 삶에 실천이 없었나요? 아닙니다. 오히려 누구보다도 율법을 잘 지키려 노력하고 열심히 실천했습니다. 그들은 삶에 익숙하게 율법을 행하는 것이 다 몸에 밴 사람들입니다.

그런데 예수님은 그들을 '주여 주여 하는 자들'이라고 말씀하십니다. 그들의 문제는 무엇입니까? 율법을 지키는 기준이 하나님이 아니라 그들의 의라는 것이었습니다. 열심히 실천했지만 자기의를 기준 삼고 그것을 따라 살았고, 그런 것을 예수님은 말씀의 실천으로 여기지 않으셨습니다.

말씀을 실천할 때, 단순히 실천하는 것보다 실천과 적용의 기준을 제대로 잡는 것이 중요합니다. '나'가 아니라 하나님의 말씀과 그분의 마음이 기준이 되어야 말씀을 올바르게 행할 수 있습니다.

하지만 하나님의 말씀대로 살아간다고 하는 우리도 가만히 보면 사실 내 삶의 패턴대로 신앙생활 하는 게 참 많습니다. 아무리 신앙생활을 열심히 한다고 해도 내가 내 의로 살아가고 있다면 올바르다고 할 수 없습니다.

믿음은 신념이 아닙니다. 하나님 앞에서 신념은 꺾어야 하고, 믿음은 지켜야 합니다. 하나님 앞에서 내 뜻을 꺾을 준비가 되어야 말씀대로 살아갈 수 있습니다. 당신은 신앙생활을 하면서 늘 가지고 있던 자신의 신념, 가치관, 생각들을 내려놓을 준비가 되어 있나요?

> 내게 나아와 내 말을 듣고 행하는(hears my words and puts them into practice, NIV) 자마다 누구와 같은 것을 너희에게 보이리라 눅 6:47

예수님이 우리에게 보여주고 싶은 사람은 그분의 말씀을 듣고 행하는 자, 바로 주님께 나아와 말씀을 듣고 그 말씀을 살아내는 사람입니다. 주님의 말씀을 듣고 자기 방식대로 사는 것이 아니라 들은 말씀대로 실천해야 진정한 제자가 됩니다.

예수님을 자기 삶에서 '주'로 고백하는 사람이 삶에서 마땅히 행해야 하는 것을 '제자의 도', 즉 '제자도'라고 합니다. 제자도의 핵심은 '누구든지' 주님을 따르려거든 '자기를 부인하고 자기 십자가'를 지는 것입니다.

> 또 무리에게 이르시되 아무든지 나를 따라오려거든 자기를 부인하고 날마다 제 십자가를 지고 나를 따를 것이니라 눅 9:23

자기를 부인한다는 것은 '주님을 따르는 데 방해가 되는 것'을 부인한다는 의미로도 볼 수 있을 것입니다. 내 생각과 주장, 가치관 중에 '이것을 통해서는 주님을 올바로 따를 수가 없다'라고 생각되는 것을 내려놓는 것이지요.

말씀을 계속해서 듣고 배우는 것은 참 중요하지만, 그 배운 것이 내 삶에서 장식품이 되면 안 됩니다. 하나님의 말씀이 내 안에 들어와야 합니다. 내가 하나님 앞에서 포기하고 부인할 것들을 자꾸 내려놓아야 그리스도를 닮은 제자의 삶으로 점점 나아갈 수 있습니다.

## 주님의 만족이 되는 삶

이 제자도는 제자들이 예수님을 '주'(主)로 고백한 것이 전환점이 되면서 마태복음 16장, 누가복음 9장, 마가복음 8장부터 언급됩니다. 예수님의 사역을 기록한 공관복음서를 보면 이 부분이 아주 명확합니다.

예수님의 사역은 예수님이 기적을 행하고 약한 자를 돌보며 사람들의 필요를 채워주시던 전반기 사역과 제자들에게 제자도에 관해 말씀하신 후반기 사역으로 나뉩니다.

예수님은 제자들에게 "너희는 나를 누구라 하느냐"라고 묻고 "주는 그리스도시요 살아계신 하나님의 아들이십니다"라는 고백을 들으신 때부터 제자의 도에 관해서 말씀하셨습니다. 그런데 이때 이후로

많은 사람이 무리에서 떠나갑니다.

왜 그들은 떠나갔을까요? 주님의 말씀을 들었으나, 말씀대로 살고 싶은 생각이 없었던 것입니다. 말씀대로 살기 위해서는 자기 생각과 삶의 방식을 내려놓아야 하는데 그것이 정말 쉽지 않습니다. 자신의 가치관과 관념을 내려놓지 않으면 말씀 앞에서 늘 머뭇거릴 수밖에 없습니다.

그들은 주님을 따라다니는 동안 계속 자기 삶의 방식에 주님의 말씀을 적용하려고 한 게 아닐까요? 주님의 말씀이 자신을 만족시키고 주님이 하시는 일이 자신에게 기쁨이 되었으면 좋겠다고 생각하면서 말입니다. 그것은 자신의 욕망이라는 기초 위에 계속해서 주님의 말씀을 올려놓는 것입니다. 결국은 그 말씀의 무게를 이기지 못하고 욕망과 함께 무너지는 인생이 되어버립니다.

당신은 주님의 말씀을 들을 때마다 그 말씀이 나에게 만족이 되기를 원합니까, 아니면 그 말씀을 들음으로 인하여 내가 주님의 만족이 되는 삶을 살기를 원합니까?

말씀이 나를 만족시켜주고 나를 기쁘게 하기를 원하는지 내가 하나님의 말씀을 순종함으로써 주님이 기뻐하시는 일을 하고 있는지 정직하게 돌아보지 않는다면 기초가 없는 신앙생활을 하고 있는지도 모릅니다.

그런데 주님의 말씀을 따라 살아가려면 전제 조건이 있습니다. 내가 부르심을 받은 자로 살아가는 것이 정말 큰 기쁨으로 여겨지지 않는 사람은 절대로 그렇게 살아가지 못합니다. 예수님을 따라가는 데 방해가 되는 것을 내려놓는 게 자기 부인인데, '예수님을 따라 사는 것이 내 인생에 큰 축복'이라는 믿음이 없다면 어떻게 자기를 부인할 수 있겠습니까.

"목사라서 그래"라고 하면 할 말이 없지만, 저는 하나님이 저를 부르신 그 부르심에 맞게 살아가는 것이 제 인생에서 가장 큰 복이고 성공이라고 생각합니다.

당신에게 삶의 성공은 무엇인가요? 인생을 다 살고 삶의 마지막에 죽음을 앞두었을 때 무엇을 가지고 "하나님, 저 잘 살았습니다"라고 말할 수 있을까요? 하나님께서 나를 부르신 그 부르심에 내가 최선을 다했다고 말할 수 있도록 말씀을 실천하며 살아가기를 바랍니다.


## 탁류에도 안전한 반석 위의 집

이 반석과 흙 비유의 핵심은 '말씀을 듣는 것'보다 '들은 말씀을 행하는 것'이 중요하다는 것입니다. 많은 사람이 예수님의 말씀을 들으러 찾아왔지만, 주님이 그 모두를 인정하신 것은 아닙니다. 오로지 그 말씀을 듣고 행하는 자가 되어야 인정받을 것입니다.

그런데 마태복음과 누가복음 둘 다 예수님의 말씀을 듣기만 하는 자와 듣고 행하는 자를 '건축가'로 비유했지만, 조금 다르게 이야기한 부분이 있습니다.

마태복음에서는 반석 위에 집을 짓는 사람과 모래 위에 집을 짓는 사람을 비교하면서, 반석 위에 지은 집은 비가 내리고 창수가 나고 바람이 불어도 무너지지 않는다고 말씀합니다.

누가복음에서는 집을 그냥 땅 위에 짓는 사람과 반석이 나올 때까지 땅을 파고 짓는 사람을 비교하면서, 깊이 파서 주추를 반석 위에 놓아 지은 집은 큰물이 나서 탁류가 그 집에 부딪쳐도 능히 요동하지 않는다고 말씀합니다.

케네스 베일리의 《중동의 눈으로 본 예수》(Jesus Through Middle Eastern Eyes)를 통해 중동의 풍습과 환경을 살펴보면 이 비유를 이해하는 데 큰 도움이 될 것 같습니다.

팔레스타인 지역의 여름은 건조하고 따뜻해 집을 짓기에 알맞지만, 우기가 찾아오는 가을은 이른 비가 시작되고 겨울에 본격적으로 늦은 비가 내려 집을 건축하기에는 좋지 않은 기후입니다. 그래서 이스라엘 사람들은 주로 여름에 집을 짓습니다.

건기인 여름에는 점토 성분이 많은 땅의 흙이 햇빛을 받아 단단하게 굳기 때문에 반석이 아니어도 집을 짓는 데 큰 문제가 없습니다. 그런데 그런 땅에 집을 지으면 어떻게 될까요?

우기가 되어 순식간에 땅이 물에 잠기면 굳었던 땅의 점토 성분이 와해되어 죽처럼 풀어지고, 이렇게 변한 진흙이 물과 함께 탁류가 되어 흐르면, 새로 지은 집에 쌓았던 벽돌이 진흙과 함께 녹아서 빠져나오고 결국 집이 무너지게 됩니다.

(그래서 제가 보기에는 마태복음의 '창수'보다 누가복음에서 '탁류'라고 한 것이 예수님이 말씀하시는 비유의 의도를 조금 더 잘 설명해주는 적절한 번역이라고 생각합니다.)

이런 이유로 이스라엘에서는 건축자들이 건물을 지을 때 반드시 암반 위에 짓는다고 합니다. 건기에 딱딱한 땅일지라도 거기에 바로 집을 짓지 않고 그 땅을 파기 시작해 반석이 나올 때까지 파냅니다. 그 반석 위에 집을 지어야 집이 무너지지 않기 때문입니다.

그렇다면 얼마나 땅을 파야 할까요? '반석이 나올 때까지'입니다. 이스라엘 지역은 어디든지 땅을 파면 암석이 나오는데, 3미터 이상을 파고 들어가야 할 경우도 있습니다. 그렇더라도, 어쨌든 암반이 나오고 난 다음에야 그 반석 위에 벽의 기초를 세우는 것이 정상적인 건축 방법입니다.

## 쉬운 길을 택하는 어리석음

어리석은 건축가는 왜 흙 위에 집을 지을까요? 아주 간단한 이유입니다. 그게 쉽기 때문입니다. 땅을 파는 것은 어려운 일입니다. 반석까지 파 내려가기가 쉽지 않습니다. 더구나 겉으로 보기에는 반석 위에 지으나 흙 위에 지으나 별반 다르지 않게 보입니다. 하지만 주님은 이것을 지적하십니다.

이것을 우리 신앙생활에 적용해봅시다. 우리는 왜 하나님의 말씀을 듣고 다 행하지 않고, 우리가 하고 싶거나 행할 수 있는 것만 할까요? 답은 간단합니다. 쉬우니까요.

그런데 이렇게 쉽게 신앙생활을 하면 마치 모래 위에, 혹은 흙 위에 집을 짓는 것과 같습니다. 신앙생활도 열심히 하고 수십 년간 예수를 믿은 사람이 한순간에 무너져 내리는 모습을 볼 때가 있습니다. 왜일까요? 기초가 잘못된 것입니다.

어디까지 말씀대로 살았고 어디까지 순종했는지 자신에게 물어보세요. 어쩌면 당신도 '내가 할 수 있는 데까지' 해왔는지도 모릅니다. 신앙이 쉽게 되어서는 안 됩니다. 말씀 앞에 올바르게 서서 그 말씀을 순종하며 따라가야지, 쉽게 신앙생활을 하려고 하면 어느 날 신앙이 한순간에 무너져 내리게 됩니다.

우리 교회 청년들이 제게 하도 보라고 해서 보게 된 〈흑백 요리사〉라는 프로그램에서 무척 인상적인 장면이 있었습니다. 한 요리사가 자신의 인생을 표현하는 음식으로 캐비어를 넣은 클램차우더를 만들었을 때의 일입니다.

그는 요리에 들어가는 당근, 셀러리 등의 야채를 캐비어와 같은 크기로 잘게 썰어 넣었는데 그 디테일과 의도를 미쉐린 쓰리스타인 심사위원이 알아보고 말한 것입니다. 또 다른 심사위원은 그 요리사가 알아주기를 바랐던 소스의 치즈를 알아차리고 그가 사용한 표현 그대로 언급했습니다.

우리 같은 보통 사람은 좋은 음식을 해줘도 모르고 셰프의 의도도 잘 모르는데 이 심사위원들은 그걸 알아보더라고요. 고수는 고수를 알아본다는 생각이 들었습니다.

하나님께서 내 모든 것을 알아보시는 날이 옵니다. 그냥 대충, 무심히 신앙생활 하는 것 같던 내 삶에 탁류가 흘러와 나의 쉬운 신앙생활이 드러날 수 있습니다. 또한 언젠가는 내가 하나님 앞에 서고, 내 신앙이 어떤 것이었는지를 하나님께서 심판하고 말씀하시는 때가 반드시 옵니다.

모든 것을 아시는 하나님께서 내 삶의 진심과 살아온 삶의 모든 족적을 보시고 나의 모든 것을 판단하실 겁니다. 아니, 미쉐린 쓰리스타 셰프도 알아보는데 하나님께서 내 삶과 인생을 알아보지 못하시겠습니까!

하나님의 말씀을 내 삶에 적용하는 것이 그렇게 쉽게 되는 것은 아니지만, 우리가 쉬운 길을 가기 위해 하나님을 믿는 것은 아니지 않습니까? 이것이 생명이기 때문에 이 말씀을 붙들고 신앙생활을 하는 것이지요.

건축가가 반석이 나올 때까지 땅을 파듯, 우리도 신앙생활에서 힘들더라도 반석이 나올 때까지 파 내려가야 합니다. 적어도 말씀대로 살아가려고 말씀을 듣는 자라면, 하나님의 말씀을 믿고 순종하며 살아가려 한다면 들은 말씀을 끝까지 적용하고 순종할 각오가 되어 있어야 합니다.

## 반석 위에 집을 짓는 사람

문제는 말씀을 듣고 감동한 것을 두고 말씀을 지킨다고 착각하는 것입니다. 말씀을 들을 때 마음에 감동이 오고 다짐도 할 수 있습니다. 하지만 이것이 순종으로 이어지지 않는다면 말씀을 행하는 게 아닙니다.

설교나 광고를 들을 때 두근두근 가슴이 뛰면 어떻게 하라는 신호일까요? 감동받은 대로 하라는 신호일까요, 하지 말라는 신호일까요? 장난으로 "나 부정맥이야"라는 사람도 있겠지만, 감동받은 대로 순종하는 일은 무척 중요합니다.

하나님께서 감동을 주실 때 그것을 감동으로 끝내지 말고 움직여 실천하고, 삶에서 행함으로 연결하면 좋겠어요. 그런 사람이 바로 반석 위에 집을 짓는 사람입니다.

> 내 형제들아 만일 사람이 믿음이 있노라 하고 행함이 없으면 무슨 유익이 있으리요 그 믿음이 능히 자기를 구원하겠느냐 **약 2:14**

우리에게 믿음이 있는데 당신은 그 믿음을 행하고 있나요? 이 비유를 통하여 예수님이 우리에게 안타까운 마음으로 물으시는 거예요.

2022년에 달라스 지역에서 연합집회를 인도할 때 만난 한 목사님의 이야기입니다. 태권도 7단의 실력으로 태권도장 운영과 목회를 겸하는 목사님인데 간경화에서 간암으로 넘어가는 위험한 단계로 치료

받고 있었습니다.

병원에서 첫 진료를 받을 때 의사가 "무리하지 말고 운동을 하세요" 하더랍니다. 그 말에 목사님은 '아니, 나 같은 사람한테 운동을 하라니?'라며 말이 안 된다고 생각했대요. 자기는 하루에 12시간씩 태권도장에서 아이들을 가르치고 있는 사람이니까요.

그런데 의사에게 자신을 'master'(사범)가 아닌 'pastor'(목사)라고 소개했던 삶을 돌이켜보니, 매일 12시간을 운동한다고 생각했지만 실은 가르치고 지시만 했지 정작 운동은 하고 있지 않더라는 사실을 그때야 깨닫게 되었다고 합니다.

혹시 당신도 자신이 알고 있는 지식을 믿음으로, 경험한 것을 살아가는 삶으로 착각하고 있지는 않나요? "주여, 주여" 하면서도 우리는 말씀대로 살지 않을 수 있습니다.

많은 교인이 제자훈련이나 일대일 양육을 받고 어떤 이는 양육자로서 가르치기도 하는데, 어쩌면 계속 지식만 쌓여가서 신앙생활에 장식품이 되어버린 것 같습니다. 그것은 반석, 즉 기초가 없는 곳에 말씀을 세우는 것과 같습니다.

## 말씀을 실천하는 자가 얻는 유익

인생에는 홍수와 풍랑이 끊이지 않는데 참 신기하게도 사람들은 잠시 환난이 끝나면 앞으로 아무 문제가 없을 것으로 착각합니다. 팔레스타인 지역은 명확하게 건기와 우기가 구분되므로 건기가 끝나면 어김없이 우기가 오고 탁류가 흘러내립니다. 그런데도 어리석은 인생은 건기에 집을 지으면서 우기를 잊어버립니다.

건기에 집을 지을 때는 땅 위에 그냥 지어도 아무 문제 없죠. 그런데 문제가 없다고 땅을 파는 노력을 하지 않으면 우기가 왔을 때 무너지고 맙니다. 신앙도 마찬가지 아닙니까? 인생의 건기에 말씀대로 살지 않고 주님과 연결되지 않으면, 위기가 닥쳤을 때 그 삶은 속절없이 무너져 내립니다.

주변에서 신앙생활을 하던 사람이 '아니, 그렇게 열심히 성경 공부하고 말씀 배우던 사람이 어떻게 저렇게 무너질 수 있어?' 싶을 만큼 속절없이 무너지는 것은 생명의 끈이 하나님과 연결되어 있지 않았기 때문입니다. 이 생명의 끈은 말씀을 듣고 행하는(put them into practice) 것입니다.

말씀을 삶에 적용하고 살아갈 때 하나님과 우리 사이에 생명의 끈이 연결되어 신앙에 생명력이 생기고 우리는 하나님과 관계있는 삶을 살게 됩니다. 하나님과 '생명의 끈'이 연결되는 것은 말씀을 실천하는 사람이 얻는 가장 큰 유익입니다.

집이 반석 위에 든든히 서면 탁류가 몰려올 때 꿈쩍도 하지 않듯이, 우리 삶이 말씀 위에 든든히 서면 그 말씀은 인생의 환난 속에서도 우리를 붙잡아주는 끈이 됩니다. 말씀대로 실천하며 사는 것이 결코 쉽지는 않지만, 말씀대로 살았던 든든한 믿음의 끈이 우리를 붙잡아줄 것입니다.

건축가가 '반석'이 나올 때까지 땅을 파야 하듯, 순종은 끝까지 해야 합니다. 그러니 일단 순종하고자 마음먹고 실천한다면 그것은 결코 쉬운 일이 아닐 것입니다. 그렇다 해도, 그저 말씀만 듣고 순종은 하지 않는다면 그 신앙생활은 부실 공사와 같습니다.

사람들은 표면적으로 드러나는 것들에 요동하고 일희일비하는 경향이 있습니다. 생각해봅시다. 이 땅에 그냥 집을 지어도 될 것 같은데도 반석이 나올 때까지 파는 그 시간이 건축가에게 얼마나 지루하고 힘든 시간일까요? 반석 위에 집을 짓기 위해서는 그 지루한 시간을 견뎌내야만 합니다. 신앙도 그렇습니다. 신앙생활에서 가장 힘들 때가 언제인지 아세요? 건기입니다. 아무 문제도 없고 어떤 변화도 보이지 않는 시간입니다.

하나님의 역사를 생생히 경험하고 내 마음이 뜨겁고 감동될 때는 말씀에 순종하고 땅을 파 내려가는 것이 별다른 문제가 되지 않습니다. 그런데 삶에 그 어떤 증거도 보이지 않는 채로 끊임없이 땅을 파야 하는 시기에는 이것이 얼마나 지루하게 느껴지는지 모릅니다. 파면서도 '이걸 내가 왜 파고 있지?' 하면서 자기가 너무 미련하게 느껴지는 거예요.

그럴 때면 "어디까지 파 내려가야 해요?"라고 묻지 않을 수 없지요. 답은 '반석이 나올 때까지'입니다. "꼭 그렇게까지 해야 합니까?" 네, 그렇습니다. 그 시간을 견뎌내야 합니다. 선택의 여지는 없으며, 절대적인 순종이 필요합니다. '끝까지 땅을 팔 수 있는가'가 신앙의 관건입니다.

## 인내의 시간 없이는 기적도 없다

여호수아가 이스라엘 백성과 가나안에 들어가 첫 번째로 여리고성을 함락시킬 때를 생각해봅시다. 하나님께서 그들에게 6일간 매일 한 바퀴씩 성을 돌고, 마지막 날에는 일곱 바퀴를 돈 후에 나팔을 불면서 함성을 지르라고 하셨습니다.

> 여호수아가 백성에게 명령하여 이르되 너희는 외치지 말며 너희 음성을 들리게 하지 말며 너희 입에서 아무 말도 내지 말라 그리하다가 내가 너희에게 명령하여 외치라 하는 날에 외칠지니라 하고 **수 6:10**

이때 중요한 주의 사항이 있었습니다. 아무 말도 하지 말고 지루한 시간을 견뎌내라는 것입니다. 왜 여호수아는 마지막 날까지 소리가 나지 않게 하고 아무 말도 내지 말라고 했을까요?

여리고성을 돌았더니 첫날은 한 귀퉁이에 금이 가고, 둘째 날은 문짝이 갈라지고, 매일 조금씩 그런 변화가 일어났나요? 아니요. 성경에는 전혀 그런 언급이 없습니다. 매일 성을 돌아도 마지막 순간까지 아무 변화가 없었어요.

공동체 안에는 불평하고 부정적인 이야기를 하는 사람들이 반드시 있습니다. 하루, 이틀, 사흘, 매일 성을 돌아도 아무 변화가 없으면 이런 사람이 어떻게 반응할까요? "아무 변화가 없네. 쓸데없는 일을 하는 것 아니야?", "우리 지금 뭐하고 있는 거야? 이거 계속 돌아야 해?" 이런 불평을 하지 않았을까요?

그래서 여호수아는 아무 말도 하지 말고 6일간 성을 돌고 7일째에 일곱 바퀴를 돌 때 나팔을 불고 외치라고 한 것이고, 그렇게 했을 때 그 성이 와르르 무너졌습니다.

중요한 것은 마지막 날이 아니라, 마지막 날이 이르기 전 6일간의 과정입니다. 마지막 날 성이 무너지는 기적은 6일 동안 조짐도 보이지 않았지만, 아무것도 보이지 않던 그 6일을 지나지 않았다면 7일째의 기적은 존재하지 않았습니다.

우리는 늘 마지막 날 일어나는 드라마틱한 기적을 원하며 "하나님, 제 삶에 역사해주세요"라고 기도하지만, 이 인내의 6일이라는 과정 없이는 마지막 날의 기적도 일어나지 않는다는 것을 명심해야 합니다.

땅을 파고 반석 위에 집을 짓는 우리에게 중요한 시간은 반석이 나올 때까지 땅을 파 내려가는 시간이고, 그것을 견뎌내는 것이 정말 중요하다는 것을 믿으며 살아가십니까?

우리가 묵묵히 땅을 파고 성을 도는 동안, 눈에 보이지 않지만 영적인 금이 가고 있고, 하나님께서 역사하고 계십니다. 우리가 눈치채지 못하더라도 그 시간에 하나님은 우리를 돕고 계시고, 그 도우심의 순간이 '일곱째 날' 일어나는 것입니다.

## 신앙은 뜨거움이 식은 상황에서 증명된다

《주님은 나의 최고봉》(My Utmost for His Highest)에서 오스왈드 챔버스는 우리 신앙에서 어떤 변화와 역사도 일어나지 않는 순간을 우리 믿음이 어떠한지 알려주는 '시금석'으로 표현합니다. 영적으로 충만해 놀라운 기적을 체험할 때가 아니라 아무런 일도 일어나지 않을 때가 바로 신앙의 진가를 알려주는 시금석이라는 것입니다.

사실 신앙은 '뜨거웠던' 순간이 아니라 '뜨거움이 식은' 상황에서 나타나고 증명됩니다. 말씀과 잘 어울리는 뜨겁고 역사적인 순간들이 아니라 말씀을 듣고 묵묵히 순종하며 지켜내는 그 순간까지 가는 사람은 탁류가 흘러와도 든든히 서서 흔들리지 않는 신앙의 모습을 지니게 될 것입니다.

말씀을 듣고 행하는 자는 미련하게 보일지라도 지혜로운 사람입니다. 건기에는 알 수 없지만, 우기가 되어 탁류가 흐르기 시작하면 깨닫게 될 것입니다.

1912년, 미국의 건축가 프랭크 로이드 라이트는 일본 도쿄에 있는 임페리얼호텔의 신관 건축 프로젝트를 맡게 되었습니다. 그런데 그는 기초 공사만 2년을 했습니다. 호텔을 완공하기까지 약 4년, 설계 의

뢰부터 계산하면 공사 기간은 무려 11년이나 걸렸습니다.

시간도 시간이지만 예산도 6배나 증가해 막대한 비용이 들어갔습니다. 사람들은 공사 현장을 보면서 그렇게까지 할 필요가 있냐고 비난했고, 임페리얼호텔은 막대한 시간과 비용을 낭비한 대표적인 건물로 여겨졌습니다.

그런데 1923년 9월 1일, 준공 기념 피로연이 열릴 예정이던 그날 동경에 큰 지진이 발생했습니다. 그 유명한 '관동대지진'입니다. 당시 수많은 건물이 붕괴했지만, 유일하게 임페리얼호텔은 조금도 손상되지 않고 견고하게 서 있었습니다. 사람들은 그때야 그 건물의 진가를 알게 되었고 이후 프랭크 라이트는 일본 건축계에 신화 같은 인물이 되었습니다.

이처럼 하나님의 말씀을 듣고 그 말씀을 살아내는 지혜로운 자들의 진가가 드러나는 날이 옵니다. 홍수가 나고 탁류가 흘러갈 때 그 진가가 드러날 것입니다.

모든 삶에는 기복이 있고, 어떤 일이 일어날지 아무도 모릅니다. 모두의 인생에 탁류가 흐르는 때가 옵니다. 당신이 지금 탁류를 만났거나 "하나님, 지금 제가 가는 이 시간이 너무 힘들어요. 아무것도 보이지 않아요. 언제까지 견뎌야 해요?"라고 묻는 시간을 지나고 있는지도 모르겠습니다. 그렇다면 이 장이 믿음을 점검하고 기초를 다지는 계기가 되었으면 좋겠습니다.

혹시 지금까지 인생의 여정과 신앙의 여정에서 기초를 잘못 쌓아서

'내가 잘못 살았구나'라는 생각이 든다면 과감하게 재건축합시다. 깊이 파야 하는 시간을 맞이했다면 내 삶에 말씀을 적용하며 끝까지 파내려갑시다. 반석이 나올 때까지 참고 견딥시다.

예수님의 안타까운 마음이 당신에게 들리기를, 그리고 반석 위에 집을 지어서 인생에 창수가 나고 탁류가 흐를 때도 흔들리지 않는 믿음을 보여주는 당신이 되기를 간절히 바랍니다.

# 이 시대에
# 내가 반드시
# 해야 할 기도

**누가복음 18장 9-14절**

또 자기를 의롭다고 믿고 다른 사람을 멸시하는 자들에게 이 비유로 말씀하시되 두 사람이 기도하러 성전에 올라가니 하나는 바리새인이요 하나는 세리라 바리새인은 서서 따로 기도하여 이르되 하나님이여 나는 다른 사람들 곧 토색, 불의, 간음을 하는 자들과 같지 아니하고 이 세리와도 같지 아니함을 감사하나이다 나는 이레에 두 번씩 금식하고 또 소득의 십일조를 드리나이다 하고 세리는 멀리 서서 감히 눈을 들어 하늘을 쳐다보지도 못하고 다만 가슴을 치며 이르되 하나님이여 불쌍히 여기소서 나는 죄인이로소이다 하였느니라 내가 너희에게 이르노니 이에 저 바리새인이 아니고 이 사람이 의롭다 하심을 받고 그의 집으로 내려갔느니라 무릇 자기를 높이는 자는 낮아지고 자기를 낮추는 자는 높아지리라 하시니라

## 자기성찰

전에는 몸에 이상이 생겨야 검진받을 생각을 했는데, 이제는 정기적으로 건강 검진을 받는 것이 유익하다는 것을 다들 알고 있습니다. 검진을 받으면 지금 내게 어떤 병이 있는가도 발견하지만, 몸에 이상이 오는 것을 미리 감지하고 예방할 수 있기 때문입니다.

이러한 검진은 몸뿐만 아니라 영혼에도 필요합니다. 영적 건강 검진이란 하나님 앞에서 내 신앙 상태, 영적 상태가 어떠한지를 검사해 보는 것입니다. 이 장에서 살펴볼 **바리새인과 세리의 기도**라는 예수님의 비유는 마치 우리의 영적 상태를 검진하는 '검진표'와 같다는 생각이 듭니다.

이 비유에 등장하는 두 사람, 바리새인과 세리는 영적 검진표의 결과가 각기 자기 자신에 대해 생각하던 것과 정반대로 나왔습니다. 스스로 의롭다고 믿었는데 하나님께서 아니라고 하시고, 자기를 죄인으로 여겼는데 하나님은 의롭다고 하시니 말입니다.

성경 말씀을 이해할 때는 이 말씀이 누구에게 하신 말씀인지 그 대상을 정확하게 아는 것과 예수님이 왜 이런 말씀을 하시는지 그분의 마음을 아는 것이 정말 중요합니다.

예수님이 누구에게 이 말씀을 하시는지 성경은 그 대상을 아주 명확하게 밝히고 있습니다.

> 또 <u>자기를 의롭다고 믿고 다른 사람을 멸시하는 자들에게</u>(To some who were confident of their own righteousness and looked down on everybody else, NIV) 이 비유로 말씀하시되 **눅 18:9**

자기를 의롭다고 믿는 사람, 그리고 다른 사람을 멸시하는 사람에게 하시는 말씀이라는 것입니다. 이 문장을 보면 두 가지의 다른 내용 같지만, 사실은 같은 한 문장입니다. 영어성경에서는 남을 멸시하는 것을 'look down on'(내려다보다)이라고 표현합니다. 자기를 의롭다고 생각하는 사람의 특징은 다른 사람을 멸시하는 것, 내려다보고 낮춰보는 것입니다.

여기서 주의할 것은 '의로운 사람'이 아니라 '자기를 의롭다고 생각하는 사람'에 관한 이야기라는 점입니다. 그래서 이 장을 읽을 때 이 말씀이 자신의 영적 상태를 검진하고 있다는 것을 생각하고 읽으면 좋겠습니다. 그리고 성찰하고 점검해보면 좋겠습니다. 나는 본문에 나오는 바리새인처럼 스스로 의롭다고 생각하는 사람인지, 아니면 부끄럽게 기도하고 있지만 하나님께 의롭다 하심을 받는 사람인지를 말입니다.

저는 목사로서 신앙생활을 하면서, 어떻게 보면 신앙적인 용어 같지는 않는데 '자기성찰'이라는 말을 참 좋아합니다. 하나님 앞에서 영적으로 자기성찰이 끝나면 믿음의 성장도 끝나기 때문입니다. 마치 건강 검진을 하는 문진표와 같은 이 장의 말씀을 통해 우리가 영적 성찰을 하고 계속 믿음이 성장하기를 소망합니다.

## 하나님과의 관계 속에서 의(義)의 의미

"자기를 의롭다고 믿고"(9절)에서 '의롭다'에 해당하는 헬라어는 '디카이오스'입니다. '올바른, 의로운, 옳은'이라는 뜻으로, 관습과 율법을 잘 지키는 사람에게 적용된 말입니다. 그런데 신약성경 헬라어의 뿌리인 히브리어에서 '의롭다'는 '차다크'인데 이 말은 하나님과의 관계 속에서 의로움을 가리킵니다.

그래서 《중동의 눈으로 본 예수》라는 책에서 케네스 베일리는, 성경에서 의로운 사람은 특별한 윤리 규범을 지키는 사람이라기보다는 하나님께서 그분의 임재 안에 받아들여 그분과 특별한 관계를 맺게 해주신 사람이나 공동체를 말한다고 설명했습니다.

하나님의 '의'는 우리를 향해 베푸신 구원의 역사입니다. 즉, 하나님은 의로우시기 때문에 우리를 구원하셨습니다. 하나님께서 의롭게 우리를 위해 구원을 베푸셨다면, 우리도 그에 합당한 반응을 보이는 것이 의로운 일일 것입니다.

저는 만나교회 목사로 살아가면서 고마운 일이 참 많습니다. 예를 들면 외국 집회와 사역을 마치고 돌아올 때 항공사에서 일하시는 교인의 배려로 공항에서 참 고마운 배려와 호의를 얻은 적이 여러 번 있습니다. 그 분이 아니었다면 저는 이런 대우를 받지 못할 사람이기에 그럴 때마다 그 과분한 일에 너무 감사하고, 그래서 겸손하지 않을 수 없고, 또 나도 누군가를 배려해야겠다는 생각을 저절로 하게 됩니다.

하나님께서 내게 얼마나 많은 자비를 베푸셨는지 생각해본다면 나도 누군가에게 자비로운 사람이 될 것입니다. 하나님의 자비를 경험했다는 증거는 다른 사람에게 자비를 베푸는 것으로 증명됩니다. 예수님도 말씀하십니다.

너희 아버지의 자비로우심같이 너희도 자비로운 자가 되라 **눅 6:36**

하나님이 베푸신 은혜와 의를 믿는 사람은 자기가 자랑할 것이 없고, 하나님의 의가 안에 있는 사람에게서는 필연적으로 겸손과 배려가 나타나게 됩니다. 그러나 '그것은 내 의야, 내가 당연히 자격이 있어'라고 생각한다면 그 모습은 사라지겠지요.

우리가 하나님의 의로 인하여 구원의 관계에 들어갔다면, 우리의 의는 하나님께 구원받은 그 관계 속에서 드러나야 합니다. 그러므로 규칙과 율법을 지키고 신앙생활 잘하는 것이 잘못된 것은 아니지만, 그것이 '의'인 것은 아닙니다.

자기가 옳다고 생각하는 의와 규칙을 지키며 살아온 사람이 누군가를 향해 "저 사람은 용서가 안 돼, 용납할 수 없어"라고 이야기할 때, 하나님께서 베풀어주신 자비하심이 그의 가운데 있나요? 아니면 자기의 의를 주장하고 있는 것입니까? 우리가 그런 우를 범하기 쉽습니다.

혹시 당신이 성실하게 신앙생활을 해오면서 '나는 이런 율법, 내가 생각했던 규칙, 내 신앙의 원칙들을 잘 지켰어, 그래서 나는 그래도 의로운 편이야'라는 생각이 있다면, 하나님과의 관계 속에서 의가 무엇인지를 생각하며 이 장의 말씀을 보아야 할 것입니다.

## 바리새인은 왜 '따로' 서서 기도했을까?

비유에 나오는 바리새인은 자신이 의롭다고 믿으면서 다른 사람을 멸시했습니다. 그는 자신이 지키는 행위로 인하여 스스로 의롭다고 여겼습니다. 이것은 자신의 구원을 하나님에게서 온 것이 아니라 자신의 공로로 생각했다는 것입니다.

그래서 하나님의 구원과 하나님의 자비가 그의 마음속에 없었고, 자기 기준에 못 미치는 사람들을 바라보며 그들을 멸시한 것입니다. 이 바리새인은 스스로 의롭다고 여기고 있으나 성경적 관점에서 보면 의롭지 않은 것이 분명합니다.

바리새인은 서서 따로 기도하여 이르되 ⋯ 눅 18:11

그가 기도하는 모습을 보세요. 서서 기도하는 것은 전혀 이상한 게 아닙니다. 그것은 당시 유대인들의 일반적인 기도 자세이니까요. 서서 눈을 들고 하늘을 향해 기도하는 자세에는 찬양과 복종의 의미가 있습니다. 문제는 '따로' 서서 기도했다는 것입니다. 서서 따로 기도하는 이 바리새인의 마음은 어떤 것이었을까요?

### 섞이기 싫은 경멸의 마음

이 말씀을 묵상할 때 저는 지난 코로나 팬데믹 기간이 생각났습니다. 그때 우리는 전염병으로부터 자신을 지키는 가장 좋은 방법이 '거리두기'라는 것을 알고 경험했습니다. 특히 초기에 코로나가 처음 발병하고 전염되기 시작할 때 우리는 감염된 사람들에 대해 "저 사람 왜 걸렸어?"라며 경멸하기도 하고, 그들을 따로 격리시켜야 한다고 생각하기도 했지요.

그때 제가 그런 경멸과 격리의 사회적 시선이 안타까워서, 우리 교인들이 모일 수 없는 상황 가운데서 설교하며 "코로나 걸린 그 사람들이 내 가족이고, 내 딸과 아들이고, 내가 걸릴 수 있다고 생각한다면 우리가 그들을 어떻게 대하겠습니까?"라고 울면서 이야기한 적이 있습니다.

홀로 서 있는 이유는 다른 사람과 섞이기 싫다는 것입니다. 거리를 두는 이유는 상대방을 병균처럼 생각하기 때문입니다. 이 바리새인이 따로 서서 기도하는 것은 자신을 지키기 위해 누군가를 경멸하고 있다는 것입니다.

특히 그는 "나는 다른 사람들 곧 토색, 불의, 간음을 하는 자들과 같지 아니하고 이 세리와도 같지 아니함을 감사하나이다"(눅 18:11)라며 자신이 다른 사람, 무엇보다 당시에 죄인이라고 여겨지는 사람과 같지 않다는 것을 감사함으로써 자기의를 드러내며 기도하고 있습니다.

## 자신을 향한 자화자찬

이 '따로'라는 단어는 '무엇을 향하여'와 '그 자신'이라는 단어의 합성어입니다. 문자적으로 이 말을 직역하면 '자기 자신에게 기도했다'라는 뜻이 됩니다. 그가 지금 자기를 바라보고 자기에게 기도하고 있다는 것입니다.

이 말은 자신의 의를 드러내고 자기만족을 위해 기도했다는 뜻입니다. 좀 더 적나라하게 이야기한다면, 기도가 하나님을 향한 것이 아니라 자화자찬하는 독백이었다는 말입니다.

참 무섭습니다. 우리가 하나님께 예배하고 기도하더라도, 이 예배와 기도가 하나님께 올려드리는 대신 나에게 하는 독백이 될 수 있다는 것이니까요.

그는 "하나님이여!"라고 형식적으로 한 번 부르고는 자신의 자랑을 늘어놓기 시작합니다.

… 하나님이여 나는 다른 사람들 곧 토색, 불의, 간음을 하는 자들과 같지 아니하고 이 세리와도 같지 아니함을 감사하나이다 나는 이레에 두 번씩 금식하고 또 소득의 십일조를 드리나이다 하고 눅 18:11,12

1세기 유대교에는 경건하게 생각하는 기도의 세 가지 유형이 있었다고 합니다. 첫 번째는 죄를 고백하는 기도, 두 번째는 베풀어주신 은혜에 감사하는 기도, 세 번째는 자신과 다른 사람을 위해 간구하는 기도입니다.

그런데 이 바리새인의 기도 가운데 이 기도의 내용이 하나라도 들어 있습니까? 세 가지 경건한 기도의 그 어떤 범주에도 속하지 않습니다. 그는 스스로 경건하고 의롭다 여겼지만, 실상은 어디에도 의로운 모습이 존재하지 않습니다.

## 바리새인도 경멸받는 계층이었다

흥미롭게도, 예수님 당시에 바리새인도 존경과 칭찬을 받는 사람이 아니었다고 합니다. 한국성서대학의 이민규 교수가 〈신약논단〉

(2003. 12)에 기고한 논문 '사회적 관점에서 본 바리새인과 세리의 기도에 대한 비유'에 따르면, 바리새인이나 세리나 둘 다 일반 민중에게 경멸받았다고 합니다.

당시 로마는 유대를 지배하면서 토지세, 인두세, 통행세, 관세, 이 네 종류의 세금을 거뒀습니다. 그중 인두세와 토지세는 당시 권력 계층에 있었던 사람들이 거두었고, 세리장 삭개오는 이 권력층에 속하여 부와 권력을 소유한 사람이었습니다.

통행세와 관세는 그 밑에 고용된 사람들이 거두었으며, 그들은 어쩔 수 없이 세금도 걷고, 거기서 남겨야 먹고살 수 있었습니다. 비유 속의 세리는 그렇듯 먹고살기 위해 사회의 지탄받는 일에 종사하던 하층계급 사람이었습니다.

바리새인들은 종교세를 거두고 있었는데, 첫 열매를 거두면 거기서 1-3퍼센트 정도의 종교세를 거두고, 제사장과 레위인들을 위하여 첫 번째 십일조, 즉 10분의 1에 해당하는 종교세를 거두었습니다. 그리고 안식년이 돌아오기 전까지 이런저런 명목으로 두 번째 십일조를 더 거두었고요.

당시 대부분의 농부가 소작농으로, 소출의 21-23퍼센트의 종교세를 바치는 것은 생계유지도 힘들던 백성들에게 크나큰 부담이었습니다.

이렇듯 예수님 당시에 세리는 로마의 식민지에서 경제적 착취를 하는 사람으로, 바리새인은 종교적 착취자로 똑같이 멸시를 받았습니다. 그런데 결국 세리와 별반 다를 바 없는 바리새인이 왜 세리를 경멸했을까요?

그것은 종교적인 이유도 있었지만, 실상은 로마 중심으로 세금을 거둬들이던 세리가 성전 중심의 종교적 수입에 심각한 위협이 되었기 때문입니다. 결국은 돈 문제였다는 거죠. 세리들이 세금을 많이 착취해 가면, 종교세를 거두는 양이 그만큼 줄어들기 때문에 이 세리와 바리새인들은 그런 관계 속에 있었다는 거예요.

예수님이 돈에 대한 말씀을 참 많이 하셨다고 말한 것 때문에 제게 '돈만 아는 목사'라는 별명이 생겼지만, 이번 비유 또한 결국 핵심에는 돈이 있음을 말하지 않을 수 없습니다. 정말 하나님 앞에서 돈 문제가 해결되지 않으면 의롭게 살아가는 것이 얼마나 힘든 일인지 모릅니다.

실제로 의로운 척을 하며 누군가를 비난할 때, 그 내면에는 자신에게 손해가 된다는 이유가 숨어 있을 때가 많습니다. 그 대부분이 경제적인 이유입니다. 개인 간의 관계든 나라와 나라의 관계든, 나 또는 우리에게 피해가 된다고 생각하면 금방 적으로 돌리게 되죠. 결국 '나에게 도움이 되는가, 그렇지 않은가'의 기준으로 살아가고 있는 게 우리 모습입니다.

## 바리새인의 기도에 나타난 교만

바리새인의 교만은 무엇이었을까요? 앞서 바리새인이 '따로 서서' 다른 사람을 경멸하고 자화자찬하는 모습을 살펴보았는데 이번에는 그 기도 내용을 살펴보겠습니다.

바리새인은 서서 따로 기도하여 이르되 하나님이여 나는 다른 사람들 곧 토색, 불의, 간음을 하는 자들과 같지 아니하고 이 세리와도 같지 아니함을 감사하나이다 나는 이레에 두 번씩 금식하고 또 소득의 십일조를 드리나이다 하고 **눅 18:11,12**

한글성경에서는 이 기도 가운데 '나'라는 말이 두 번 등장하는데, 원문을 직역하면 "나는 토색도 안 하고 불의도 안 하고 간음하지도 않고, 나는 1주일에 두 번 금식하고, 나는 십일조도 철저히 합니다"가 됩니다. 하나님께 기도하고 있는데, 기도의 주체는 계속해서 '나'입니다.

그리고 유대의 율법에 의하면 유대인들은 1년에 딱 한 번 대속죄일에 금식하도록 정해져 있는데 그는 자기가 일주일에 두 번 금식한다고 말합니다. 또한 "소득의 십일조"를 드린다고 했는데, 원문을 보면 소득의 십일조가 아니라 소유의 십일조를 한다고 되어 있습니다. 소득의 십일조도 무지하게 떨리는데, 가진 재산의 십일조를 하다니 얼마나 대단한 사람입니까.

이 바리새인은 지금 기도의 형식을 빌어 "여러분, 보세요! 제가 일주일에 두 번 금식하고, 제가 가진 것에서 십일조를 하고 있어요!"라며 자기의를 자랑하고 있는 것입니다. 그의 기도에는 그의 행동만 나와 있지, 그 어디에도 하나님께 대한 간구가 들어있지 않아요.

기도는 하나님께 드리는 고백이며 하나님과 함께하는 대화입니다. 마태복음 6장에서 예수님이 제자들에게 "너희는 이렇게 기도하라" 하고 주기도문을 가르쳐주시기 전에 "이렇게 기도하지 말라"라고 당부하신 것이 있습니다.

- 사람들에게 보이려고 위선적인 기도를 하지 말라
- 많은 말을 해야 하나님이 들으신다고 생각하고 중언부언하지 말라
- 외식하지 말고 은밀한 중에 보시는 하나님께 골방에서 기도하라

그런데 이렇게 기도하지 말라는 그 모습들이 이 바리새인의 기도 가운데 그대로 다 나와 있습니다.

사실 우리도 '나는 그렇게 기도하지 않아'라고 생각할지 모르지만, 가만히 보면 '기도'라는 도구를 통해 자기 생각을 전달하거나 자신을 드러내려는 욕망이 있다는 것을 부인하지 못할 것입니다.

그러니 누군가를 위해 기도하거나 대표기도를 할 때 그 기도가 나를 드러내고 하나님 앞에서 내 독백이 되지 않도록 정말 조심해야 합니다. 그러지 않으면 바리새인 같은 사람이 될 수도 있을 것입니다.

## '멀리' 서서 하는 세리의 기도

이 세리도 유대인이었겠죠. 유대인은 당연히 예루살렘 성전에 가서 기도해야 한다고 생각하는 사람이었고, 그래서 두 사람 다 하나님께 나아왔는데 바리새인은 '따로 서서', 세리는 '멀리 서서' 기도했습니다.

멀리 서서 기도한 세리의 마음속으로 한번 들어가 봅시다. 이미 알고 있듯이 세리는 이스라엘 사회에서 멸시받는 사람이었습니다. 성경 곳곳에 등장하는 세리는 부정직하고 도덕적으로도 저급한 사람들입니다.

이 세리는 자신이 하나님 앞에도 사람들 앞에도 선뜻 나설 자격이 없다는 것을 알고 있었기에 '멀리 서서' 기도했을 것입니다. 그는 세리장같이 부유하고 권력 있는 사람이 아니라, 그 밑에 고용되어 또 세금을 뜯어야 사는 사람이었어요. 그가 이렇게 기도하지 않았을까요?

"주님, 제가 먹고살다 보니까 어쩔 수가 없었습니다. 이렇게라도 하지 않으면 저는 가족을 먹여 살릴 수가 없습니다. 주님, 이게 죄인 것을 아는데, 이렇게 살 수밖에 없었던 모습으로 제가 주님 앞에 나왔습니다."

그러니 어떻게 두 손을 들고 하늘을 바라보며 "주님, 제가 기도합니다"라고 말할 수 있겠습니까. 기도하는 그 내용을 누군가 들으면 너무 창피하고 부끄러워서 그는 주님 앞에 깊은 수치심으로 고개를 떨구고 가슴을 치며, 사람들이 들을 수 없는 작은 목소리로 기도했을 것입니다.

"하나님, 저를 불쌍히 여겨주세요. 제게 자비를 베풀어주세요(Have mercy on me). 주님의 자비하심이 아니면 저는 여기에 설 수도 없습니다. 주님, 저를 불쌍히 여겨주세요."

바리새인의 기도에 비하면 세리의 기도는 간결합니다.

… 하나님이여 불쌍히 여기소서 나는 죄인이로소이다(God, have mercy on me, a sinner. NIV) … 눅 18:13

영어성경에는 '죄인'에 부정관사 'a'(하나의)를 붙여 'a sinner'라고 했으나 성경 원문에는 죄인이라는 말 앞에 정관사가 붙어 있습니다. 세리는 자신을 죄인 중의 하나로 객관화한 것이 아니라, 바로 그 죄인이 자신이라고 고백한 것입니다.

세리와 바리새인은 같은 시간에 같은 성전에 있지만 그들은 아주 다른 기도를 하고 있습니다. 바리새인은 자신의 기도를 누군가 들어줬으면 하는 마음으로 하나님께 자랑하지만, 세리는 지금 이 순간 누구도 의식하지 않으며 사람들에게 인정받거나 동정받을 어떤 것도 끄집어내고 있지 않습니다.

세리가 '멀리 서서' '가슴을 치며' 기도하는 모습을 생각해봅시다. 멀리 서 있었다는 것은 자신이 스스로 더럽다는 것을 인정하고, 다른 예배자들로부터 떨어져야겠다고 생각한 것이죠.

가슴을 치며 기도하는 행위는 당시 중동에서 여자들이 하는 행동이었다고 합니다. 예수님이 십자가에 달리신 후 그 자리에 있던 사람들이 가슴을 쳤습니다(눅 23:48). 이 세리는 죽음만큼이나 비통한 모습으로 하나님께 기도하고 있었던 것입니다.

그러고 보니 그의 기도는 바리새인의 기도와는 정반대입니다. 사람에게 보이려 하지 않고, 중언부언하지 않으며, 은밀하게 하나님 앞에서 기도하고 있습니다.

## 의롭다 인정하심을 받은 기도

내가 너희에게 이르노니 이에 저 바리새인이 아니고 이 사람이 의롭다 하심을 받고 그의 집으로 내려갔느니라 무릇 자기를 높이는 자는 낮아지고 자기를 낮추는 자는 높아지리라 하시니라 **눅 18:14**

결국 하나님께서 의롭게 여기신 자는 바리새인이 아닌 세리였습니다. 세리의 행동이나 삶이 의로운 게 아니었습니다. 하나님께 자비를 구하는 그 모습이 의로웠던 것입니다. 그 기도가 하나님이 원하시는 기도이기 때문입니다.

여호와는 마음이 상한 자를 가까이 하시고 충심으로 통회하는 자를 구원하시는도다 **시 34:18**

하나님께서 구하시는 제사는 상한 심령이라 하나님이여 상하고 통회하는 마음을 주께서 멸시하지 아니하시리이다 시 51:17

이 비유를 통해 우리가 깨달아야 하는 것은 무엇일까요? 이 기도가 단순히 한 개인의 문제일까요? 어쩌면 지금 한국 교회가 직면한 문제를 지적하고 계신 건 아닐까요?

언제부터인가 교회가 당당하게 머리를 들고 이야기하기 시작했습니다. 한국 교회가 이런저런 일을 했으니 자랑스럽다고 말입니다. 우리 한국 교회에 자랑할 수 있는 많은 의가 있어서, 우리의 의에 비하면 그렇지 못한 사람들을 내려다보면서 얼마든지 정죄할 수 있었다는 생각이 들어요.

물론 하나님을 믿지 않는 사람들이 흉내 낼 수 없는 엄청난 일을 했다는 사실을 부인하지 않습니다. 마치 바리새인의 기도가 그런 엄청난 종교적 행위였다는 것을 부인할 수 없는 것처럼 말입니다.

그런데 자랑스러운 마음을 가지다 보니, 언제부터인가 하나님을 향한 간구가 사라져 간 것 같습니다. 하나님 앞에서 통회하며 회개하는 상한 심령의 기도가 사라져버렸습니다.

하나님 앞에 상한 마음이 되지 않으면 우리가 하나님 앞에 올바로 설 수 없고 하나님의 영광에 참여할 수 없습니다. 모든 신앙생활에서 하나님의 영광이 떠나버리면 우리에게 남는 것이 무엇이겠습니까? 가장 무서운 게 하나님의 영광이 떠나가는 것 아닙니까.

우리 스스로는 의롭다고 생각해도 하나님은 그렇게 생각하시지 않습니다. 사실 우리가 잘못했기 때문에 하나님 앞에 질책을 받는 것이 아니라, 나 스스로 의롭다고 생각하면서 다른 사람들을 낮춰보고 멸시하고 있기에 하나님께서 그런 우리를 보시며 의롭다고 하지 못하시는 거예요.

지금은 우리의 신앙에 세리의 기도가 필요한 때입니다. '따로' 서서가 아니라 '멀리' 서서 기도하는 자세가 필요합니다. 우리가 자기 자신과 우리 교회, 한국 교회를 바라볼 수 있어야 하나님의 영광이 우리와 교회를 통해서 나타나지 않겠습니까? 오늘 하나님 앞에 이런 기도를 했으면 좋겠습니다.

"하나님, 저를 불쌍히 여겨주세요. 제가 이것밖에 되지 않는 존재입니다. 지금도 내 마음에는 누군가의 잘못이 보이고, 누군가의 흐트러진 모습이 보입니다. 나는 그렇지 않다고 나를 주장하고 싶은 마음이 제 안에 얼마나 많은지요. 나를 좀 봐달라고, 따로 서서 외치고 있는 그 바리새인의 모습이 제게 있습니다. 주님, 사람들에게서 멀리 서서 주님 앞에 머리를 숙이고 기도합니다. 저를 불쌍히 여겨주세요. 저를 긍휼히 여겨주세요. 하나님, 제게 하나님의 은혜가 필요합니다."

## '적어도 나는'이라는 생각

"나는 저 세리와 같지 않습니다"라는 바리새인의 기도를 보면서

'그래, 나도 저 세리 같지는 않아'라는 생각이 들었다면 그게 바로 바리새인 같은 거예요. 하지만 사실 우리가 그렇게 생각하지는 않지요.

교회를 다닌 지 오래된 사람들은 본능적으로 이 말씀을 바리새인의 입장에서 듣지 않는 경향이 있습니다. 어떻게 기도해야 하는지 배웠고 알기에 적어도 이렇게 대놓고 기도하지는 않습니다.

그런데 바리새인의 기도 내용을 천박하게 느끼면서 '나는 이 정도로 기도하지는 않아'라고 생각하지 않나요? 만일 그렇다면 사실 우리도 저 바리새인과 하나도 다를 바 없는 사람입니다.

신학자 대럴 구더(Darrel Guder)는 "신약성경을 우리 현실에 맞게 이해하고 싶다면 바리새파에 속한 한 사람 편에서 신약성경을 읽어야 할 것이다"라고 말했습니다. 그래서 이 비유는 '나는 바리새인과는 달라'가 아니라 '내가 그 바리새인이야'라는 관점에서 듣고, 말씀을 삶에 적용해야 합니다.

저도 이 말씀을 묵상하면서 저를 돌아보고 말씀을 저에게 적용해 보는데 정말 제 안에 이 바리새인의 모습이 있더라고요. 저는 그동안 설교하면서 "적어도 저는 만나교회에서 목회하면서 이렇게 합니다"라는 말을 종종 했는데 "저는 이렇게 목회합니다"라는 말속에 '나는 다른 사람 같지 않다'라고 스스로 의롭다고 여기는 생각이 들어 있었던 것이지요.

당신에게도 수년 수십 년 신앙생활을 하면서 지켜왔던 어떤 믿음의 원칙과 신앙의 신실함이 있을 것입니다. 이것은 귀한 것이지만, 혹 이

것으로 인하여 '하나님, 저는 적어도 저 사람과 같지는 않습니다'라고 기도한다면 무서운 괴물처럼 누군가를 내려다보고 멸시하고 정죄하는 바리새인의 모습이 자기 안에 있다는 것을 알아야 합니다.

내가 스스로 구별되었다고 생각하는 그 자리에 하나님께서 구별해 두신 사람이 있음을 인정해야 합니다. 하나님께서 나를 불쌍히 여기고 부르셨다면, 그 누군가도 찾고 계신다는 것을 알아야 합니다.

이 비유를 통해 예수님의 마음을 알았으면 좋겠습니다. 예수님은 이 비유의 결론으로 "낮아져야 높아진다"라고 말씀하십니다. 하나님 앞에 예배하고 기도할 때, 겸손하게 서라는 것입니다. 겸손하지 않은 기도는 하나님께서 받지 않으시니까요.

우리에게 필요한 것은 '하나님께서 받으시는 마음'이 아닐까요? 우리는 잠시만 방심하면 자기의가 스멀스멀 찾아오는 존재임을 잊지 맙시다. 자기의는 겸손을 가로막는 장애물입니다.

우리는 누군가를 생각하고 배려한다고 하지만, 속마음은 우리도 그와 같은 대우를 받고자 하는 마음이 있습니다. 진정한 겸손은 다른 사람을 의식하거나 고려하지 않고, 단지 내가 하나님 앞에서 진실하게 서면 된다는 마음입니다. 나 자신이 오로지 하나님 앞에 겸손하게 설 때, '나의 의'가 아닌 '하나님의 의'가 드러나게 될 것입니다.

# 죽음의
# 지혜로운 준비는
# '잘 살기'

**누가복음 12장 35-40절**

허리에 띠를 띠고 등불을 켜고 서 있으라 너희는 마치 그 주인이 혼인집에서 돌아와 문을 두드리면 곧 열어 주려고 기다리는 사람과 같이 되라 주인이 와서 깨어 있는 것을 보면 그 종들은 복이 있으리로다 내가 진실로 너희에게 이르노니 주인이 띠를 띠고 그 종들을 자리에 앉히고 나아와 수종들리라 주인이 혹 이경에나 혹 삼경에 이르러서도 종들이 그같이 하고 있는 것을 보면 그 종들은 복이 있으리로다 너희도 아는 바니 집주인이 만일 도둑이 어느 때에 이를 줄 알았더라면 그 집을 뚫지 못하게 하였으리라 그러므로 너희도 준비하고 있으라 생각하지 않은 때에 인자가 오리라 하시니라

## 죽음을 준비하는 지혜

파선을 당해 바다 위를 표류하던 어느 선원이 한 섬에 이르렀다가 그를 발견한 원주민들에게 잡혀갔습니다. '아, 나는 꼼짝없이 죽겠구나' 생각하고 있는데, 원주민들이 오히려 그를 임금으로 추대해 극진히 대접하는 게 아닙니까?

알고 보니 이 섬에서는 1년에 한 사람씩 임금으로 삼고, 1년 후에는 무인도로 보내서 죽게 만든다는 것이었습니다. 선원은 눈앞이 캄캄해졌습니다. 그는 어쩌면 좋을까요?

고민하던 중에 그에게 좋은 생각이 떠올랐습니다. 그는 임금의 지위를 활용하여 1년 뒤에 가게 될 무인도에 일꾼을 보내어 온갖 과실수와 곡식을 심게 했습니다. 집도 짓고 결혼할 여인도 보내두었습니다. 이렇듯 모든 것을 미리 준비한 선원은 무인도로 추방당한 후에도 잘살았다고 합니다.

집을 짓고 여자를 데려다 놓았다는 물질적인 부분에 집중하지 않기를 바랍니다. 이 예화를 소개한 이유는 지혜로운 사람은 죽음을 미리 준비한다는 것과 우리에게 주어진 시간에 지혜를 잘 사용해 준비하라는 것을 말하고 싶기 때문입니다.

육신의 죽음조차도 죽을 때를 알면 미리 준비하는 것이 지혜로운 일인데, 죽음 이후의 영원한 삶을 바라보는 우리라면 당연히 죽음과 영원을 준비해야 하지 않겠습니까?

성경은 죽음을 준비하라고 거듭 이야기합니다. 준비된 자만이 죽음을 지혜롭게 맞이할 수 있기 때문입니다. 당신은 죽음을 걱정하며 사는 사람입니까, 지혜롭게 준비하며 사는 사람입니까?

미국의 사회학자 필 주커먼은 《신 없는 사회》(Society without God)라는 책에서 "종교에 의지하는 사람은 죽음이 다가올수록 두려워하고 죄책감을 느낀다"라고 주장했습니다. 신앙을 가진 사람이 죽음에 더 큰 두려움을 느낀다는 것입니다.

그 주장에 대해 《그래도, 믿음이 필요하다》의 저자 강정훈 목사님은 '기독교에 대한 몰이해'라며 "기독교는 어느 종교보다 죄의 문제를 예민하게 받아들이기 때문에 죽음 앞에서 잠시 잠깐 죄책감을 강하게 느낄 수 있지만 곧이어 다가오는 천국에 대한 소망이 더 크기에 마침내 평안하게 숨을 거둔다. 또한 기독교인들에게 죽음은 영원한 이별이 아니라 천국에서 다시 만난다는 소망이 있기에 사랑하는 사람의 죽음 앞에서 위로를 얻는다"라고 반박했습니다.

저는 강정훈 목사님의 말에 전적으로 동의합니다. 우리의 신앙은 천국을 소망하며 하나님의 영광을 바라보는 것이기 때문입니다. 하나님을 믿는 우리는 죽음이 끝이 아닌 것을 믿을 뿐만 아니라 그 죽음을 미리 준비할 수 있기에 죽음 앞에서 담대할 수 있습니다.

시인 T. S. 엘리엇은 "죽음 자체가 두려운 것이 아니라, 죽음이 곧 끝이 아닐까 봐 우리는 그게 두렵다"라고 했습니다. 죽는 순간에 모든 것이 끝나지 않고 죽음 이후의 또 다른 삶이 존재할까 봐 두렵다는 것입니다. 그 삶에 아무런 준비를 해두지 않았다면 두려울 수밖에 없겠지요.

"나는 안 죽는다" 하는 분은 이 장을 읽지 않아도 괜찮지만 우리는 모두 죽고 하나님 앞에 서게 될 것이므로 이 장은 우리 모두에게 필요한 내용입니다. 이 장을 통해 죽음에 대한 두려움이 사라지고, 죽음 뒤에 주어질 그 영광을 바라보며 지혜롭게 죽음을 준비하는 사람이 되시기를 간절히 바랍니다.

### 주의 재림은 내 삶에도 일어난다

성경은 메시아의 초림과 재림을 말씀합니다. 예수님이 성육신하여 이 땅에 오신 것을 '초림', 부활 승천하신 예수님이 마지막 때에 산 자와 죽은 자를 심판하기 위해 영광 중에 다시 오시는 것을 '재림'이라고 합니다.

성서학자들의 연구에 따르면, 구약에는 초림에 대한 예언이 약

456회 나와 있는데 구약보다 분량이 훨씬 적은 신약에는 재림이 그 3배에 달하는 1,518회나 언급되었다고 합니다. 그러니 재림이 얼마나 중요한 일이겠습니까?

사도행전은 "너희 가운데서 하늘로 올려지신 이 예수는 하늘로 가심을 본 그대로 오시리라"(행 1:11)라고 증언하고 있고, 야고보는 "주의 강림이 가까우니라 … 보라 심판주가 문밖에 서 계시니라"(약 5:8,9)라며 재림의 임박성을 강조합니다.

그런데 성경이 이렇게 강조할 만큼 중요한데도 '재림과 종말'은 오늘날 가장 인기 없는 설교 주제 중 하나입니다. 사실 저도 죽음보다는 인생을 어떻게 살아갈 것인가를 더 많이 이야기했지, 재림과 죽음에 대한 설교는 잘 하지 않은 것 같습니다.

그런데 성경의 핵심적인 진리를 바라보니 '어떻게 살아가느냐'가 곧 죽음에 대한 준비였습니다. 인기 없는 주제일지라도, 재림과 죽음은 우리 신앙에서 본질적으로 회복해야 할 신앙 중에 가장 중요한 것이라고 생각합니다.

재림에는 두 가지가 있습니다. 예수님이 승천하신 모습 그대로 우리에게 다시 오시는 우주적 종말, 그리고 우리가 개인적으로 맞이할 '나의 죽음'입니다. 어느 경우든지, 우리 모두 주님 앞에 서서 심판받게 될 것이기에 죽음과 재림은 중요한 문제입니다. 분명한 것은, 준비된 자만이 주님의 영광스러운 재림을 맞이한다는 것입니다.

찬송가 <양 떼를 떠나서>(새찬송가 277장)를 작사한 스코틀랜드의

복음 전도자 호라티우스 보나르는 아침에 일어나면 문을 활짝 열면서 "주님, 오늘 아침에 오시겠습니까?"라고 말하고, 잘 때는 창문을 닫으면서 "주님, 오늘 밤에 오시겠습니까?"라고 말했다고 합니다. 그는 아침이든 저녁이든 늘 주님을 바라보고, 맞이할 준비를 하며 살았습니다.

그가 끝까지 좋은 설교자이자 영성 신학자로 남을 수 있었던 비결이 바로 그것인 듯합니다. 그런데 오늘날 우리 그리스도인들의 마음속에서는 그와 같은 주님의 오심에 대한 간절함이 점점 사라지고 있는 건 아닌지 모르겠습니다.

이 장에서 살펴볼 누가복음 12장의 **주인을 기다리는 종들** 비유는 재림에 관한 메시지입니다. 35-38절에서는 재림을 준비하는 자세를, 39-40절에서는 아무도 예상할 수 없는 때에 주님이 오실 것을 말씀합니다.

이 장에서는 예수님이 왜 이 비유를 말씀하시는지 헤아려보고, 재림을 기다리는 우리는 삶을 어떤 자세로 살아내야 하는지를 생각해보겠습니다.


## 주인의 귀환을 기다리는 나의 자세

이 비유는 종의 자세에 대한 언급으로 시작됩니다.

허리에 띠를 띠고 등불을 켜고 서 있으라(Be dressed ready for service and keep your lamps burning, NIV) 너희는 마치 그 주인이 혼인집에서 돌아와 문을 두드리면 곧 열어주려고 기다리는 사람과 같이 되라 눅 12:35,36

예수님 당시에 종들은 보통 통으로 짠 옷을 입었습니다. 통짜로 된 천에 구멍만 냈으므로 허리에 띠를 띠어야 옷이 걸리적거리지 않고 일할 수 있었습니다. 그래서 종이 일하거나 시중을 들 수 있도록 준비되어 있다는 것은 허리에 띠를 띤 것을 보면 알 수 있었지요. "허리에 띠를 띠고"는 그런 의미입니다.

그리고 종은 등불이 꺼지지 않게 유지해야 합니다. 주인이 혼인집에서 돌아와 문을 두드리면 곧 열어드려야 하니까요. 이 구절을 보면 종은 주인이 혼인집에서 언제 돌아올지를 알지 못합니다. 그때가 종이 불을 밝히고 기다려야 하는 밤시간입니다.

예수님 당시 이스라엘은 결혼식을 밤 8시나 9시쯤 시작했다고 합니다. 낮은 너무 더우니 해가 진 후에야 예식을 시작해서 새벽까지 춤을 추고 잔치를 한 것입니다.

주인이 혹 이경에나 혹 삼경에 이르러서도 종들이 그같이 하고 있는 것을 보면 그 종들은 복이 있으리로다 눅 12:38

이경은 밤 10시부터 새벽 2시, 삼경은 새벽 2시부터 6시까지입니다. 일상생활을 하기에 가장 어려운 시간인데 이렇게 깨어 있기 어려운 시간에 주인이 돌아올 수도 있다는 것입니다. 종들은 주인이 혼인 잔치를 마치고 돌아올 때까지 기다렸다가 문을 두드리면 바로 열고 맞이해야 했습니다.

주인이 오는 시간은 종이 정하는 것이 아니라, 전적으로 주인에게 달렸습니다. 주인이 언제 돌아올지는 주인만 알고 있습니다. 그렇기에 종들은 깨어서 주인을 기다리며 언제든 맞이할 준비를 하고 있어야 합니다.

> 너희도 아는 바니 집주인이 만일 도둑이 어느 때에 이를 줄 알았더라면 그 집을 뚫지 못하게 하였으리라 그러므로 너희도 준비하고 있으라 생각하지 않은 때에 인자가 오리라 하시니라 **눅 12:39,40**

언제 도둑이 들지 알면 미리 대비하겠지만 그게 언제일지는 아무도 모르기 때문에 항상 깨어서 대비해야 합니다. 죽음도 그렇습니다. 우리는 죽음이 멀리 있다고 생각하지만, 죽음은 그렇게 멀리 있지 않으며 어느 날 갑자기 다가옵니다.

생명은 전적으로 하나님의 주권에 달린 문제이기 때문에 우리가 할 수 있는 일은 준비하는 것뿐입니다. 우리에게 주어진 유일한 선택권은 '죽음을 어떻게 준비할 것인가'이고, 그것이 최선의 방법입니다.

## 종의 비유로 말씀하시는 까닭

주인이 와서 깨어 있는 것을 보면 그 종들은 복이 있으리로다 … 눅 12:37

깨어 있는 종들은 복이 있다는 말은 깨어서 죽음을 준비한 자들에게는 복이 있다는 말과도 같습니다. 그런데 항상 깨어 있고 항상 준비한다는 게 얼마나 힘든 일입니까?

군대 갔다 온 남자들은 다들 불침번을 서봤을 것입니다. 불침번 서기에 가장 좋은 시간은 언제인가요? 취침 시간 시작되자마자, 그리고 기상하기 바로 한 시간 전입니다. 불침번 서고 바로 자거나, 한 시간만 덜 자고 일어나면 되니까요.

그런데 중간에 있어서 자다 말고 깨어 일어나는 건 참 힘들지요. 자야 할 시간에 깨어 있는 것, 깨어 '경계'를 서고, 주인을 맞을 준비를 한다는 것은 결코 쉬운 일이 아닙니다.

성경은 하나님과 우리의 관계를 '아버지와 아들', '주인과 종', '왕과 백성', '신랑과 신부' 등으로 비유합니다. 그런데 이 비유는 왜 그중 '주인과 종'의 관계로 말씀했을까요?

중요한 것은 이 비유는 그러한 관계적 측면에서 보아야 이해된다는 점입니다. 예수님이 주인과 종의 관계로 표현된 비유를 말씀하신 것은 종이 주인을 맞이하기 위해 준비하는 것이 마땅하듯 우리가 다시 오실 주님을 맞이하는 것이 마땅한 일이라는 것을 가르쳐주시기 위해서입니다.

종의 정체성은 자기 생각과 뜻대로 살지 않고, 주인의 뜻을 따르며 순종하는 데 있습니다. 종은 주인에게 순종하고 수종들기 위하여 깨어 있는 사람입니다. 신실한 종은 주인의 명령대로 살아가기 위해 자기 뜻을 죽이고 자기 생각을 뒤로할 줄 아는 사람입니다.

하나님의 존귀한 자녀가 된 것은 참 감사한 일이지만, 자녀의 권리만 주장하며 산다면 어떨까요? 우리가 하나님의 자녀이고 백성이고 거룩한 신부인 것은 맞지만, 마지막 때를 준비하며 살려면 바로 이러한 '종'의 마음과 자세가 필요하기에 예수님은 우리에게 "주인을 섬기는 종의 마음으로 마지막 때를 잘 준비하라"라고 말씀하시는 것입니다.

36년째 목회를 하면서, 예전에는 잘 느끼지 못했는데 요즘은 체력과 집중력이 떨어지면서 설교 준비도 목회도 참 힘든 일이었음을 느끼게 됩니다. 그런데 힘들었던 그 시간을 돌이켜보다가, 모든 날이 복된 시간이었음을 깨달았습니다.

설교를 준비하고 말씀을 깊이 묵상하면서 언제나 하나님을 가까이하고 주님만을 바라볼 수 있었기 때문입니다. 그리고 설교하고 강단에서 내려오면서부터 그 말씀이 "너 그렇게 설교 했잖아, 너 그렇게 말씀 묵상했잖아"라며 저를 붙잡아주어 그렇게 살아가도록 도와주었기 때문입니다.

예수님은 우리가 하나님의 자녀로서 반듯한 삶을 살아가길 원하십

니다. 그리고 하나님의 자녀로서 반듯하고 일관성 있게 살아가는 것
은 비유 속의 종들과 같이 깨어서 준비된 삶을 살 때 비로소 가능해
집니다.

## 깨어 있는 종의 복

이 '깨어 있다'라는 말은 단순히 잠을 자지 않는다는 의미가 아닙
니다. 깨어 있는 이유가 주인을 맞이하려는 것이라면 그는 깨어 있는
시간에 주인을 생각하고 있을 것입니다. 그러니, 깨어 있다는 것은 지
금 주인과 같은 자리에 있지는 않지만 함께하고 있다는 의미가 아닐
까요? 단지 잠을 자지 않는 것이 아니라, 주인을 사모하는 마음으로
기다리는 것입니다.

그들이 아무도 보지 않는 곳에서 띠를 띠고 있었다는 것은 그들의
믿음과 선행이 형식적인 게 아니라는 것입니다. 그들은 주님의 오심
을 사모하며 기다렸습니다.

예수님을 믿는 우리에게 가장 복된 일은 깨어 있는 그 시간에 주님
을 생각하고 그분을 묵상하는 것입니다. 그때 주님과 동행하는 축복
이 임합니다. 만일 예수님을 믿는다고 하면서도 주님과 함께하는 것
이 복으로 느껴지지 않는다면 참으로 불쌍한 사람일 것입니다.

하나님께 가까이함이 내게 복이라 … **시 73:28**

이렇게 고백한 다윗처럼 하나님을 바라보며 마음에 '하나님을 예배하는 것이 내 인생의 복이구나. 말씀을 듣고, 이 말씀을 안고 세상으로 나아가서 살아가는 것이 내 인생의 복이구나'라는 고백이 있을 때 복된 그리스도인의 삶을 살아갈 수 있습니다.

사모하는 마음이 복이며 기다리는 마음이 복입니다. 믿는 자들에게는 구원 얻고 은혜받을 권리도 있지만 지켜야 하는 의무도 있습니다. 그것은 바로 '깨어서 주님을 바라보는 것'입니다.

당신은 깨어서 주님을 바라봅니까? 하나님을 가까이하는 그 시간이 복인 줄로 믿으십니까? 믿으신다면 하나님을 예배하는 것이 인생의 복이라는 그 사실을 항상 기억하고 깨어서 주님을 맞이하시기 바랍니다.

깨어 있는 종이 누릴 또 하나의 복이 있습니다. 앞서 37절의 전반부를 보았는데 이제 후반부를 보겠습니다.

> … 내가 진실로 너희에게 이르노니 주인이 띠를 띠고 그 종들을 자리에 앉히고 나아와 수종들리라 **눅 12:37**

당시 근동지방에서 가장 상위층에 속하는 계층이 바로 주인입니다. 그다음 계층은 주인의 아내와 자녀이고 그다음은 주인의 재산과 일꾼을 관리하는 청지기입니다. 그 아래 계층이 일을 할 수 있는 자유인이고 맨 마지막 층이 종입니다.

최상위에 있는 주인과 최하위에 있는 종의 비유를 통해 예수님은 우리가 깨어서 준비할 때 받는 또 하나의 복을 말씀하십니다. 이것은 상상할 수도 없는 것인데, 바로 '그 주인이 와서 수종드는 복'입니다.

이 비유를 흔히 '재림을 준비하는 종'이라는 제목으로 보고 있는데 사실은 종보다 주인에 초점을 맞추어, 주인이 왜 이렇게 행동했는지, 어떤 의도를 우리에게 보여주려고 하는지를 보아야 합니다.

## 주인과 함께하는 복

… 내가 진실로 너희에게 이르노니 주인이 띠를 띠고 그 종들을 자리에 앉히고 나아와 수종들리라(I tell you the truth, he will dress himself to serve, will have them recline at the table and will come and wait on them, NIV) 눅 12:37

영어성경을 번역하면, 비스듬히 누워있는 종들에게 수종들기 위해서 주인이 옷을 입었다는 뜻입니다. 당시의 중동 문화에서는 잔치를 베풀 때 손님과 주인은 비스듬하게 누웠는데, 예수님은 이 역할을 바꾸어 주인이 오히려 종을 비스듬히 눕히고 그 종에게 음식을 대접하겠다고 말씀하십니다.

주인이 옷을 입고 일하기 편하게 띠를 띠고, 종들이 비스듬히 기대어 식사를 하게 한다는 것은 당시의 문화로는 상상하기 힘든 모습이죠. 그런데 지금 그런 일을 말씀하시는 것입니다. 주인을 기다리며 정신을 똑바로 차리고 최선을 다한 종에게, 이제는 주인이 그를 섬겨주겠다는 것입니다.

또 한 가지, 재미있는 상상을 해보게 됩니다. 주인이 종에게 음식을 가지고 와서 그들과 함께 잔치를 베풀려고 하는데 본문 말씀 중에는 주인이 요리했다는 구절이 없습니다. 그렇다면 주인은 어디에서 이 음식을 가져왔을까요?

아마도 혼인 잔치 음식을 가져왔을 것입니다. 36절의 "그 주인이 혼인집에서 돌아와"라는 구절은 혼인 잔치에서 물러나 돌아왔다는 뜻입니다. 혼인 잔치가 끝나기 전에 의도적으로 돌아왔다는 것이죠. 종들을 위해, 그 종들에게 복 있는 삶을 살게 해주기 위해서 음식을 가지고 온 것입니다.

주인에게 그 종들을 먹이는 것만이 목적이었다면 그저 음식만 보내도 될 텐데, 주인은 그러지 않았습니다. 친히 음식을 가져와서 그들과 함께했습니다. 그 종들이 받은 복은 당시의 문화에서는 상상도 할 수 없는 주인의 사랑을 받은 것입니다.

음식을 가지고 와서 종들과 함께하는 복을 누리게 하겠다는 주인을 생각해보세요. 맛있는 음식을 먹는 것도 참 좋은 일이지만, 누구와 먹느냐에 따라 그 식사는 훨씬 더 즐겁고 복된 일이 될 수 있습니다. 그러니 주인이 "이 잔치 자리에서 내가 너희와 함께하겠다"라고 말씀하시는 것은 그 종들에게 얼마나 큰 축복이겠습니까?

언제 올지 모르는 주인을 기다리며 준비하고 있던 종들에게, 주님 오심을 기다리며 준비하고 살아가는 우리에게 "복이 있다" 말씀하시는 것은 주님이 우리에게 오셔서 친히 우리를 섬겨주실 것이기 때문입니다.

주님의 재림, 즉 자신의 죽음을 준비하며 살아가는 인생 가운데 진짜 큰 축복은 물질적인 복이 아닙니다. 만약 우리가 물질적인 축복만 누리고 살아간다면, 그 인생은 얼마나 허망하겠습니까?

## 영광스러운 죽음을 준비하라

전제와 같이 내가 벌써 부어지고 나의 떠날 시각이 가까웠도다 나는 선한 싸움을 싸우고 나의 달려갈 길을 마치고 믿음을 지켰으니 이제 후로는 나를 위하여 의의 면류관이 예비되었으므로 주 곧 의로우신 재판장이 그 날에 내게 주실 것이며 내게만 아니라 주의 나타나심을 사모하는 모든 자에게도니라 **딤후 4:6-8**

제사 드릴 때 기름을 붓고 불을 붙이면 제물이 탑니다. "전제와 같이 나에게 기름이 부어진다"라는 말은 이제 불만 붙이면 내가 제물이 되는, 즉 내가 죽는 순간을 말합니다.

사도 바울은 죽음을 앞두고 로마의 감옥에서 디모데에게 편지를 보내며 "나는 선한 싸움을 다 싸우고 달려갈 길을 마쳤다"라고 영광스럽게 말합니다. 그에게는 죽음의 순간이 두려움의 자리가 아닌 영광스러운 자리였습니다. 그는 자신을 위해 주님이 예비하신 면류관을 받고 잔치에 참여하게 될 것입니다. 바울뿐만 아니라 깨어서 주인의 오심을 사모하고 맞이한 종들 역시 바로 그런 영광스러운 자리를 주인과 함께할 것입니다.

오스왈드 챔버스의 전기 《순종의 길》(Abandoned to God)에는 그가 순종의 삶을 살아가기 위해서 얼마나 많이 노력했으며 또한 십자가를 지는 삶을 살기 위하여 얼마나 헌신했는지가 여실히 드러납니다. 그 삶을 보면서 영성의 깊이는 '순종'을 고민하면서 만들어진다는 생각이 들었습니다. 순종하려고 마음을 먹으니, 그의 삶이 주님을 닮아가고 십자가의 길을 걸을 수 있었던 것입니다.

책에 그가 이집트의 자이툰 부대에서 군목으로 사역할 때의 사진이 실려 있는데, 치열한 전쟁터에서 사역을 감당하기 위해 얼마나 힘든 시간을 보내고 있었는지 볼이 깊이 패고 피로에 찌든 얼굴이었습니다.

그는 맹장 수술을 받은 뒤 그 후유증으로 너무도 허무하게 세상을 떠났습니다. 이른 나이에 생을 마감한 그를 보며 '하나님, 저렇게 훌륭한 사람을 왜 그렇게 일찍 데려가셨어요?'라고 생각했을 만큼 그의 죽음이 참으로 안타까웠습니다.

그러나 저는 그 사진 속 그의 얼굴에서 하나님의 영광이 임하는 것이 느껴졌습니다. 그의 사역의 승리를 보았습니다. 그가 달려갈 길을 다 마치고 천사들이 수종드는 자리에 있음을 보았습니다. 그의 죽음을 통해서도 하나님이 일하셨기 때문에 그의 죽음은 끝이 아닌 영광이 된 것입니다.

당신은 죽음에도 소망이 있었던 사도 바울처럼 영광스러운 죽음을 준비하고 있습니까? 우리의 죽음이 하나님의 영광에 참여하는 것이 된다면 그보다 복된 일이 어디 있겠습니까? 우리가 지금까지 살아왔던 삶에 대하여 천사가 수종들며 기뻐하는 것이 얼마나 복된 일이겠습니까?

죽음의 순간이 다가왔을 때 사람들은 대부분 '너무 빠르다'라고 생각할 것입니다. 100세, 120세를 살아도 '나에게 딱 적당해'라고 생각하는 사람보다는 '너무 빨라!'라고 생각하는 사람이 많을 것입니다. 모두가 빠르다고 생각할지라도 그 죽음의 순간이 언제 닥칠지는 아무도 모릅니다.

그러나 우리 모두에게 그 순간은 반드시 찾아옵니다. 어떤 상황에서 어떤 죽음을 맞이할지 모르기에, 우리는 영원한 하나님나라를 소망하며 담대히 죽음을 맞이할 준비를 해야 합니다.

## 재림의 돌발성, 준비의 중요성

재림은 갑자기 일어납니다. 그 '돌발성' 때문에 성경은 우리에게 죽음을 준비하라고 말씀합니다. '슬기로운 다섯 처녀의 비유'처럼 준비를 강조합니다. 누구도 나를 챙겨줄 수 없는 상황이 재림입니다. 그때가 되면 옆에 있던 사람도 도움이 될 수 없고, 내가 누구에게 도움을 구할 겨를도 없습니다. 최후의 심판이 오면 준비된 사람만이 구원받게 될 것입니다.

준비된 삶은 '믿음과 실천'으로 확인할 수 있습니다. 예수님의 재림을 준비하는 일은 추상적인 것이 아니라 삶에서 실천하는 것입니다. 종들은 주인을 맞이하기 위해서 "지금 준비하겠습니다"라고 말만 하는 것이 아니라, 언제 올지 모르는 주인을 기다리며 허리띠를 동이고 그 시간을 준비했습니다.

'실천'이란 그렇게 띠를 띠고 기름을 준비하는 것입니다. 영광스러운 죽음을 준비한다는 것은 자신에게 주어진 삶을 잘 산다는 것입니다. 잘 사는 자는 죽음을 잘 준비할 수 있습니다.

나더러 주여 주여 하는 자마다 다 천국에 들어갈 것이 아니요 다만 하늘에 계신 내 아버지의 뜻대로 행하는 자라야 들어가리라 **마 7:21**

내 형제들아 만일 사람이 믿음이 있노라 하고 행함이 없으면 무슨 유익이 있으리요 그 믿음이 능히 자기를 구원하겠느냐 **약 2:14**

믿음이 있다는 증거는 실천한다는 것입니다. 그렇게 준비된 삶을 사는 자에게 복이 있을 것입니다.

2021년, 호주 교민신문 기자이던 신아연 씨는 한 독자의 요청으로 그의 안락사 현장에 함께하고 그 일화를 글로 남겼는데, "만일 그 죽음을 직접 지켜본다면 안락사 찬성론자들의 생각이 달라질 것"이라고 했습니다.

그는 죽음을 잘 준비한 것처럼 보였지만 죽음을 지켜보는 가족에게 커다란 상실감과 슬픔을 주었고, 자신 역시 고통을 직면하지 않고 회피하려는 것일 뿐 진짜 죽음에 대해서는 준비되어 있지 않았습니다.

무신론자였던 그는 숨을 거두며 "어디로 가든지 가겠지요"라는 말을 남겼습니다. 이 말이 귓가에 맴돌았던 신아연 씨는 그후 기독교의 영생과 구원, 부활의 의미를 찾게 되었고, 《스위스 안락사 현장을 다녀왔습니다》라는 책을 통해서 '어떻게 죽음을 직면하고 준비할 것인가. 하나님 앞에서 죽음을 어떻게 바라볼 것인가'를 이야기하게 되었다고 합니다.

재림을 준비하고 죽음에 대한 준비를 한다는 것은, 내 마음대로 죽음을 조절하고 맞이한다는 것이 아닙니다. 어떤 상황에서 어떤 죽음을 맞이할지 몰라도, 영원한 하나님나라를 소망하며 담대히 죽음을 맞이할 준비가 되어 있다는 말입니다.

누구도 자기의 죽음을 결정할 수 있는 능력은 없지만, '어떤 죽음을 맞이할 수 있을까' 그런 선택과 준비는 할 수 있습니다. 우리 교회의 한 장로님은 바로 그런 선택을 했던 분입니다.

그 분은 1년 전에 자신이 암인 것을 알았지만 치료를 받지 않았고, 늘 교회에서 환한 웃음으로 안내를 하고 사람들을 맞이하다가 입원한 지 한 달도 채 되지 않아서 돌아가셨습니다. 많은 사람이 그 분의 충성된 섬김과 헌신과 웃음을 추억하는 것을 보며 저는 그 딸에게 "엄마가 참 잘 사셨다"라고 말해주었습니다.

## 믿음의 공동체 안에서 죽음을 잘 준비하라

한번은 두바이에서 열리는 집회에서 '죽음을 잘 준비하자'라는 내용으로 설교하게 되었습니다. 죽음의 준비에 대한 무거운 이야기라 비행기 안에서도 설교 원고를 계속 보며, 성도들과 어떻게 나눌지 고민이 많았습니다. 그런데 공항에 저를 마중 나온 교인분에게서 그 분의 이야기를 듣게 되었습니다.

그 분은 교회에서 예배위원장, 강사, 영접위원장을 맡고 있었는데 한 달 전에 어머니가 소천하셔서 한국에 들어갔습니다. 연로하신 아버지를 홀로 두고 도저히 두바이로 돌아올 수 없어서 함께 지내며 아버지를 돌보고 '이 자리를 지켜야겠다'라는 생각이 들었습니다.

그때 어머니의 유품을 정리하다가 낡은 일기장을 보게 되었는데 거기에는 어머니가 김병삼 목사의 설교를 들으면서 적어둔 신앙의 결단이 가득했고, 그 글들이 자기에게는 두바이로 돌아가라는 하나님의 사인처럼 보여서 아버지에게 양해를 구하여 두바이로 들어와서 저를 마중 나오게 된 것입니다.

그 분은 어머니의 일기를 보면서 어머니가 제 설교를 듣고 어떻게 죽음을 준비하셨는지, 그 마지막을 얼마나 소망하고 있었는지를 알게 되었다고 했습니다.

어머니는 일기에 "하나님, 제가 죽을 때 한 번에 죽게 해주세요"라는 말을 많이 적으셨다고 합니다. 생각해보면 한 번에 죽는 것은 축복입니다. 어머니가 욕실에서 넘어진 날 돌아가셨는데, 어떻게 보면 그 기도가 응답된 것처럼 보이기도 합니다.

혼자 남은 처지가 참 힘들었던 아버지는 아내의 장례식장에 찾아온 교인들, 그리고 자기와 동년배인데 잘 지내고 있는 권사님들을 보면서 '함께 죽음을 준비하고 믿음의 길을 가는 저 교인들의 삶이 참 복되구나'라고 깨달았다고 합니다.

좋은 죽음을 잘 맞이하는 것도 참 중요하지만, 믿음과 신앙의 공동체를 지키고 내 죽음을 준비하고 맞이하는 게 끝이 아닙니다. 나를 지켜보는 가족에게 어떤 죽음을 보여주느냐는 더 중요합니다. 이 땅에서 살아가는 동안 내 삶과 섬김과 실천이 내 죽음 끝에 남겨진 가족을 복되게 만들어줍니다.

요즘 평균 수명은 길어지고 자녀는 하나둘만 낳다 보니 현실적으로 운구할 가족이 없는 모습을 자주 보게 됩니다. 저는 그 해답이 크리스천 공동체에 있다고 생각합니다. 우리 예수 믿는 사람들이 이 공동체 안에서 살아가다가 멋진 죽음을 맞이했으면 좋겠습니다.

믿음의 공동체 안에서 사랑으로 교제하며 영광스러운 죽음을 맞이하기를 사모하십시오. 주님이 우리 모습을 바라보실 때 "그래, 네가 참 잘 살았다"라고 칭찬하시며 우리를 수종드는 모습을 소망하십시오. 우리의 헌신과 섬김과 충성이 복되다는 사실을 꼭 기억하여 영광스러운 마지막을 잘 준비하는 인생이 되시기를 주님의 이름으로 간절히 축원합니다.

# 누가 이웃인지
# 묻지 말고
# 내가 이웃이 되자

**누가복음 10장 25-37절**

어떤 율법교사가 일어나 예수를 시험하여 이르되 선생님 내가 무엇을 하여야 영생을 얻으리이까 예수께서 이르시되 율법에 무엇이라 기록되었으며 네가 어떻게 읽느냐 대답하여 이르되 네 마음을 다하며 목숨을 다하며 힘을 다하며 뜻을 다하여 주 너의 하나님을 사랑하고 또한 네 이웃을 네 자신같이 사랑하라 하였나이다 예수께서 이르시되 네 대답이 옳도다 이를 행하라 그러면 살리라 하시니 그 사람이 자기를 옳게 보이려고 예수께 여쭈오되 그러면 내 이웃이 누구니이까 예수께서 대답하여 이르시되 어떤 사람이 예루살렘에서 여리고로 내려가다가 강도를 만나매 강도들이 그 옷을 벗기고 때려 거의 죽은 것을 버리고 갔더라 마침 한 제사장이 그 길로 내려가다가 그를 보고 피하여 지나가고 또 이와 같이 한 레위인도 그 곳에 이르러 그를 보고 피하여 지나가되 어떤 사마리아 사람은 여행하는 중 거기 이르러 그를 보고 불쌍히 여겨 가까이 가서 기름과 포도주를 그 상처에 붓고 싸매고 자기 짐승에 태워 주막으로 데리고 가서 돌보아 주니라 그 이튿날 그가 주막 주인에게 데나리온 둘을 내어 주며 이르되 이 사람을 돌보아 주라 비용이 더 들면 내가 돌아올 때에 갚으리라 하였으니 네 생각에는 이 세 사람 중에 누가 강도 만난 자의 이웃이 되겠느냐 이르되 자비를 베푼 자니이다 예수께서 이르시되 가서 너도 이와 같이 하라 하시니라

## 율법도 답을 주고 있지만

예수님이 말씀하신 비유는 대부분 율법학자나 바리새인과의 어떤 갈등에 관한 것이었습니다. 이들은 계속 율법을 이야기하지만, 예수님은 하나님의 마음을 이야기하시기 때문입니다. 우리에게 잘 알려진 **선한 사마리아인의 비유**는 어떤 율법교사가 예수님을 찾아와 질문하는 것으로 시작됩니다.

어떤 율법교사가 일어나 예수를 시험하여 이르되 선생님 내가 무엇을 하여야 영생을 얻으리이까 눅 10:25

당시 팔레스타인의 풍습에서는 랍비가 말씀을 전할 때 제자들이 일어나서 말하는 것이 존경심을 표현하는 행동이었다고 합니다. 율법교사가 일어났다고 했으니 그가 표면적으로는 예수님에게 존경심을 표현하는 것처럼 보입니다. 하지만 내심 그의 의도는 '예수를 시험'하는 것이었습니다.

이 율법교사는 "무엇을 하여야 영생을 얻으리이까?"라고 묻습니다. 그는 여전히 율법적인 것에 관심이 있으면서도 예수님을 곤란하게 만들 의도로 영생에 관하여 질문한 것입니다. 예수님의 대답과 행동 가운데 '모세 율법의 정당성'을 부인하는 것을 발견하고는 트집을 잡으려는 의도였을 것입니다.

예수님은 계속해서 '관계'에 대하여 말씀하시는데 율법학자들은 계속해서 행위에 초점을 맞추고 있는 상황입니다. 그런데 흥미롭게도 예수님이 그에게 율법으로 대답하십니다.

예수께서 이르시되 율법에 무엇이라 기록되었으며 네가 어떻게 읽느냐

눅 10:26

"어떻게 읽느냐"라는 말은 "어떻게 해석하느냐"라는 뜻입니다. 율법학자가 율법이 아닌 영생에 관하여 물었는데, 예수님은 오히려 율법을 거론하며 "율법을 네가 어떻게 해석하느냐"라고 되물으신 것입니다. 질문하는 너는 율법 전문가인데, 율법에서도 이미 그 답을 주고 있다는 말입니다.

율법학자가 "네 마음을 다하며 목숨을 다하며 힘을 다하며 뜻을 다하여 주 너의 하나님을 사랑하고 또한 네 이웃을 네 자신같이 사랑하라 하였나이다"(눅 10:27)라고 율법을 가지고 대답하자 예수님은

"네 대답이 옳도다. 이를 행하라. 그러면 살리라"(눅 10:28)라고 말씀하십니다.

영생을 얻는 데 있어서 율법은 하나도 잘못된 것이 없습니다. 율법을 아는 것이면 충분하고, 아는 것을 행하면 됩니다. 그런데 예수님의 말씀으로 미루어 볼 때, 율법학자는 율법은 잘 알고 있었지만 행하지는 않았던 것 같습니다.

그런데 여기서 두 가지 문제가 발생합니다. 이들이 아는 것이 '제대로' 아는 것인지, 그리고 예수님이 "이것을 행하라"라고 말씀하셨는데, 과연 그들에게 아는 것을 행할 '능력'이 있는 것인지의 문제입니다.

이 말씀을 우리에게 대입해보겠습니다. 우리는 이웃이라는 부분에 대하여 제대로 알고 있습니까? 이웃에게 사랑으로 행할 수 있는 능력이 있습니까? 이 두 가지 문제를 기억하면서 말씀 안으로 들어가야 합니다.

## 선을 넘어서 하나님의 마음으로 보라

그 사람이 자기를 옳게 보이려고 예수께 여짜오되 그러면 내 이웃이 누구니이까 눅 10:29

이 질문과 답의 장면에 한 가지 문제가 더 있습니다. 이 율법교사는 영생에 관심이 있는 게 아니라 자기가 얼마나 의로운 사람인지를 드러내 보이고 싶었다는 것입니다.

"옳게 보이려고"를 영어성경(NIV)에서는 'justify'(옳다고 하다, 정당화하다)라는 단어로 표현합니다. 자신이 하는 일에 대한 정당성을 찾으려고 질문하고 있다고 봐도 무방할 것 같습니다. 무엇을 정당화하고 싶었던 것일까요?

이 율법교사에게 어쩌면 '하나님을 사랑하고 내 이웃을 내 몸과 같이 사랑하라고 하는데, 나에게 진정 하나님을 사랑하는 마음이 있었는가? 그렇다면 하나님이 사랑하는 사람을 나도 사랑했는가?' 이런 내적 갈등이 있지 않았을까요?

이 사람도 율법교사이니 그 정도는 알지 않겠습니까? 하나님께서 사랑하라고 하시는 것이 어떤 것들인지, 그런데 아무리 생각해도 자기가 살아오면서 '이웃'이라는 범주를 하나님의 마음으로 생각하지 않았다는 것을 말입니다.

그는 율법적으로 생각하는 이웃의 개념이 있었을 것이고, 자기 기준에 의하면 이웃인 동족 유대인에게 충분히 사랑을 베풀었다고 자부하며 스스로 옳게 여겼겠지만, 속으로는 찜찜했을 것입니다. 예수님이 생각하는 이웃과 자기들이 생각하는 이웃이 같지 않다는 사실을 알고 있었을 테니까요. 율법학자들은 이웃의 범주를 자기 눈에 보이는 대로 규정했지만, 예수님은 마음의 눈으로 이웃을 보셨기 때문입니다.

그래서 '이웃이 누구인지 알면' 그렇게 할 수 있겠다는 돌파구를 찾거나 자기가 규정해놓은 이웃을 정당화하려고 이웃이 누구인지 예수님에게 질문하는 것으로 보입니다.

율법교사는 예수님을 시험하려고 찾아왔으나, 예수님의 가르침을 통해 자신의 프레임이 흔들리고 있습니다. 지금까지 살아왔던 문화적 환경과 하나님의 마음이 다르다는 것을 어렴풋이 느끼며 혼란에 들어간 것이지요.

그렇듯 예수님은 이 비유를 통해 우리가 기존에 가지고 있던 신앙의 프레임을 흔드십니다. 사실 예수님의 방식은 늘 그랬습니다. 우리를 넘어뜨리려는 게 아니라, 의도적으로 흔들어 그 틈새로 하나님의 생각이 들어갈 수 있게 하시고 이를 통해 신앙을 제대로 세우시려는 것입니다.

우리는 늘 선을 딱 그어놓고 내 선 안에서 신앙을 규정하지만, 예수님은 그 선 '안'이 아니라 선 '너머'에서 보십니다. 우리는 "이 정도면 잘 믿는 거지!"라며 내 기준을 선으로 삼지만, 예수님은 그 선을 넘어서 하나님의 마음으로 보라고 하십니다.

우리의 마음속에도 저마다 '이웃'으로 규정하는 범주가 있습니다. 나와 같은 부류, 동질성이 있는 사람, 이웃이 될만한 이유를 제공해주는 사람을 이웃이라고 생각합니다. 하지만 예수님은 이 비유를 마칠 때 "누가 이웃이 되어주었느냐"라며 우리가 생각하지 못했던 부분을 질문하시고, 하나님의 관점에서 우리가 먼저 다른 사람에게 이웃이 되어주라고 말씀하십니다.

## 불쌍히 여겨

선한 사마리아인의 비유는 "어떤 사람이 예루살렘에서 여리고로 내려가다가"(눅 10:30)라는 말로 시작됩니다. 이스라엘의 요단강 지대는 해면보다 낮은데, 예루살렘은 해발 790미터 높이에 있고 여리고는 해수면보다 250미터 낮은 곳에 있습니다. 그래서 예루살렘에서 여리고로 내려간다는 것은 계곡을 타고 약 천 미터 이상 내려간다는 것입니다.

직선거리로 약 28킬로미터 정도 되는 그 길은 험할 뿐 아니라 황무지와 동굴이 있는데, 그 동굴에 강도들이 숨어 있다가 그 길로 내려가는 사람이 있으면 그에게 가서 강도질을 합니다.

강도 만난 사람을 목격한 제사장과 레위인은 왜 그냥 지나갔을까요? 제사장은 제사 드리러 가고 레위인은 레위인의 직무를 수행하러 간 것일까요? 본문에는 표면적인 이유가 나오지 않습니다.

사실 우리는 자꾸 이유를 찾으려고 하지만, 정작 중요한 것은 '이유'가 아니라 그들이 강도 만난 자를 외면했다는 '사실'입니다. 다만 이 말씀으로 미루어, 그들에게는 이웃을 불쌍히 여기는 마음이 없었다고 짐작해볼 수 있습니다.

어떤 사마리아 사람은 여행하는 중 거기 이르러 그를 보고 불쌍히 여겨

눅 10:33

이 사마리아인은 강도 만난 사람과 전혀 관계가 없었지만 이웃을 불쌍히 여기는 마음이 있었기에 아무 이유가 없어도 그의 이웃이 되어준 것입니다. 제사장과 레위인이 그냥 지나간 것은 직업적인 문제가 아니라 '마음'의 문제였습니다.

주목해 볼 것은 사마리아인에게 불쌍한 마음이 들었을 때 그가 한 행동입니다. 가까이 가서 상처를 치료하고 자기 짐승에 태워 주막으로 데리고 가서 돌봐주었습니다. 그의 행동은 '불쌍히 여겨'에서 출발했습니다. 이웃을 불쌍히 여기는 마음이 있다면 다가가서 수고와 희생을 할 수 있습니다.

이튿날 그는 주막 주인에게 두 데나리온을 주면서 강도 만난 사람을 잘 돌봐달라고 부탁합니다. 강도 만난 사람을 맡기고 그냥 가지 않고 주막에서 하룻밤을 함께 보낸 것입니다.

게다가 모자란 것이 있으면 자기가 돌아오는 길에 더 갚겠다고 말합니다. 그가 할 수 있는 것 이상의 최선을 다하고 있는 것처럼 보이지 않나요? 바로 율법학자와의 대화에서 나오는 '뜻을 다하고, 힘을 다하고, 목숨을 다하여 사랑하라'의 의미를 제대로 설명해주고 있는 것 같습니다.

이러한 일은 기존의 율법적 프레임으로는 이해되지 않습니다. 하지

만 신앙적 관점에서 하나님을 전심으로 사랑하는 사람이라면 이야기가 달라집니다. 율법은 지키려는 규율이지만, 신앙은 늘 하나님의 마음과 뜻을 생각하기 때문입니다.

하나님의 마음을 아는 우리도 율법적인 사람에 머물지 말고 도움이 필요한 이웃에게 먼저 다가가야 합니다. 하나님이 주시는 마음으로 이웃에게 한 걸음 더 내디딜 때, 우리의 선 밖에 있던 사람들이 하나님의 마음으로 보이기 시작할 것입니다.


## 길 하나만 건너면

카일 아이들먼이 《한 번에 한 사람》(One at a time)이라는 책에서 소개한 일화입니다. 그가 어느 주립 교도소에 가서 설교를 마쳤을 때, 한 수감자가 다가와 성경 안에 넣어둔 사진을 보여주며 "내가 이 집에서 7년을 살았습니다. 이 사진에 뭔가 특별한 게 있는지 찾아보시겠어요?"라고 말했습니다.

사진 속 수감자의 옛 모습 뒤로 희미하게 십자가와 교회를 본 순간, 그는 이 수감자에게 "죄송합니다" 하고 사과했습니다. 사진 속 교회의 담임목사는 아니었지만, 예수님을 전하는 한 명의 그리스도인으로서 송구한 마음이 들었던 것입니다.

그 수감자가 그 동네에서 7년을 사는 동안 바로 길 건너편 교회에 다니는 수많은 교인 중 누구도 그에게 전도지를 주거나 예수를 믿으라고 하지 않았고, 교회도 그의 집 잔디가 너무 길어 보기 흉하니 깎으라는 메모를 우편함에 붙여 놓은 것 외에는 그와 접촉한 일이 한 번도 없었다고 합니다.

살인죄로 복역 중인 그 수감자는 그때 자신이 예수님을 영접했더라면 삶이 완전히 달라졌을 거라며 한숨을 쉬었습니다. 그 교인들은 왜 교회 바로 앞에 사는 남자(수감자)에게 아무 말도 걸지 않았을까요? 그를 자기의 이웃이 아니라 다른 부류의 사람이라고 생각했던 것입니다.

예수님은 우리에게 "네가 서 있는 그 선 안에서 네 선 밖에 있는 그 사람이 이웃으로 보이느냐? 네가 그의 이웃이 되어줄 수 있겠느냐?"라고 질문하고 계십니다. 우리가 이웃이라고 생각하지 않았던 사람들이 이웃으로 보여야, 우리가 선을 그어 나누지 않고 이웃이 되어줄 수 있기 때문입니다.

우리가 정의롭게 생각하는 이 선 안에서 선 밖에 있는 사람이 내 이웃으로 보이지 않는다면, 우리도 예수님이 그토록 무섭게 질책하셨던 바리새인이나 율법학자들과 다를 것이 없습니다.

최근 우리나라는 정치적으로 큰 어려움에 직면했습니다. 나라를 위해서 기도하자고 말하는 사람도 두 부류로 나뉘었고, 이쪽에 모여서 기도하는 사람들은 저쪽에 모인 사람들을 절대로 이웃이라고 생각하지 않습니다.

나라를 위해 기도하는 것은 잘하는 일이지만, 우리 민족이 나라를 위해 기도하면서 서로가 적이 되어버린 것이 참으로 가슴 아픕니다.

하나님은 우리가 어디에 서 있는지에 관한 이념적 문제보다 훨씬 더 크신 분입니다. 나라를 위해 진정으로 기도한다고 하면서 하나님의 마음으로 이 나라와 민족을 품지 않는다면 그 기도는 율법적인 기도가 되고 말 것입니다. 적어도 우리 그리스도인만큼은 이념으로 다투는 이들과는 다른 공동체가 되어야 하지 않겠습니까?

복음은 편을 나누는 것이 아닙니다. 하나님의 마음으로 바라볼 때 내 편이 아니라고 생각했던 사람들이 이웃으로 보이기 시작합니다. 우리가 하나님의 자녀라는 사실을 잊지 않고 믿음과 행함으로 이웃을 돌아볼 때, 하나님의 역사가 이 나라와 이 민족에 이루어질 것입니다. 복음을 믿는 우리를 통해 이 나라가 변화되는 역사가 우리 가운데 체험될 수 있기를 간절히 바랍니다.


## 누가 이웃인지 묻지 말고 이웃이 되어주라

강도 만난 자의 신음에 우리가 참 무감각한 것 같습니다. 우리의 바짓가랑이를 붙들고 "도와주세요"라고 호소하지 않으면 도움이 필요한 이들의 모습이 눈에 들어오지 않으니 말입니다. 우리 발을 붙들 힘도 없는 사람과 그들의 사정에 무감각하지는 않았습니까? 주의를 기울이지 않으면 보이고 들리지 않는 그 사람에게 우리가 어떻게 이웃이 되어줄 수 있을까요?

아프고 힘든 팬데믹의 시간을 지나는 동안 참 힘든 것 중 하나가 '경계'였습니다. 세상은 교회를 비난했고, 교회는 우리가 세상과 다르다는 것을 역설했습니다. 누구도 그 경계선을 허물려고 하지 않았고, 경계가 분명해지면서 적대감은 더 깊어졌습니다.

세상이 교회를 비난할 때 솔직히 억울한 마음도 들었습니다. 오히려 교회는 철저히 방역하고 일정 거리를 두면서 지침을 잘 따랐기 때문입니다. 그런데 이 원고를 쓰다가 '우리는 잘못한 것이 없다'라고 생각한 그게 잘못이었다는 것을 깨달았습니다.

우리는 거룩한 존재이며 예배하는 공동체입니다. 세상과는 다른 사람들이고 우리가 지켜야 할 가치들이 있었습니다. 우리가 생각하는 거룩한 것의 가치는 세상에서 마주하는 것들과는 차이가 있어야 할 것처럼 생각이 듭니다. 그래서 끊임없이 세상과 '일정 거리를 두고' 예배를 드렸던 것입니다.

예수님의 비유에서 제사장과 레위인이 나쁜 사람이라는 근거는 어디에도 나와 있지 않습니다. 그들은 단지 자신들의 맡은 일과 사명에 충실했을 뿐입니다.

그들이 강도 만난 자를 돌보지 않았던 것도, 지금 세상에서 마주한 그 어떤 일보다 그들의 삶과 사명에 더 중요한 가치가 있다고 생각했기 때문이 아닐까요? 그렇게 생각하지 않는다면 거룩한 직분을 가진 자가 어려운 이웃을 돌보지 않는 일이 얼마나 마음을 불편하게 하겠습니까?

이유가 어떠했든 분명한 것은 그렇게 구별된 성직자가 강도 만난 자의 이웃이 되어주지 못했다는 것입니다. 그들은 부정한 일을 행하지 않았지만, 곤경에 처해 도움이 필요한 이웃에게 기꺼이 자신을 내어주지 않았습니다.

예수님이 말씀하시는 '이웃'이란 기꺼이 누군가를 위해 자신의 삶을 내어주는 사람인데, 그 말씀에 기대어 보니 우리는 이웃을 사랑하지도 않았고 하나님의 말씀대로 행한 것도 없는 것 같습니다. 오늘날 교회가 묻는 것이 어쩌면 율법교사와 똑같은지도 모릅니다. "누가 우리의 이웃입니까?"라고요. 그렇다면 예수님도 똑같이 되묻지 않으실까요? "누가 이 세상의 이웃이 되어주었느냐?"라고 말입니다.

믿는 우리에게 예수님이 주신 도전은, 거룩하고 잘못한 것이 없는 우리가 저 사람들에게 이웃이 되어주었느냐는 것입니다. 하나님을 믿는 우리가 바리새인과 율법학자처럼 율법적으로 예수님을 믿어야 할까요, 아니면 하나님의 마음을 품은 사람으로 예수님을 믿어야 할까요?

이 세상이 우리에게 이웃이 되는지를 묻기 전에 교회가 이 세상의 이웃이 되어주기 위해 무엇을 할 수 있을까요? 교회가 예배하기 위해서 구별되어 모인 공동체에서 끝나면 안 됩니다. 구별된 자들의 공동체가 이웃이 되어주기 시작할 때 하나님이 우리를 부르신 이유가 분명하게 세워지는 것입니다.

## 불쌍히 여기면 행동이 따른다

이 비유의 본문 말씀을 가만히 들여다보면 '행하라'라는 말씀이 두 번 나옵니다.

> 예수께서 이르시되 네 대답이 옳도다 이를 행하라 그러면 살리라 하시니
> 눅 10:28

> 네 생각에는 이 세 사람 중에 누가 강도 만난 자의 이웃이 되겠느냐 이르
> 되 자비를 베푼 자니이다 예수께서 이르시되 가서 너도 이와 같이 하라
> 하시니라 눅 10:36,37

먼저는 율법교사에게 그가 알고 있는 것을 행하라고 말씀하시고, 선한 사마리아인의 비유를 말씀하신 후에는 누가 강도 만난 자의 이웃이 되겠는지를 물으시고는 "너도 이와 같이 하라"라고 말씀하십니다.

이렇게 두 번 반복해서 말씀하신 '(이를) 행하라'와 '(이와 같이) 하라'는 헬라어 원문에서 동일하게 '포이에오'라는 단어로 쓰였는데, 이는 구체적이고 실제적인 행함을 의미합니다. 이 선한 사마리아인처럼 구체적으로 행하라는 것이죠.

율법교사는 지식이 많은 사람입니다. 하지만 행하려는 의지가 없으니 궁금한 것입니다. 영생을 얻는 방법을 알고 있지만 이해되지 않은

것은, 알고는 있어도 행하지 않는 그에게 믿음이 현실화되지 않았기 때문입니다.

그래서 두 번째 행함은 완전히 새로운 깨달음 속으로 진정한 행함을 의미합니다. 어떤 의지가 아니라 구체적인 방법으로서의 행함입니다. 율법학자의 관심이 '누가 이웃인지'를 아는 것에 근거한 행함이었다면, 예수님은 '누가 이웃이 되어주느냐'를 생각하며 행하라고 하십니다. 행함의 대상과 주체가 달라진 것입니다.

그러고 보니 성경에는 아주 중요한 맥이 있습니다. 마태복음 7장의 산상수훈에서 예수님은 행하지 않는다면 절대로 천국에 들어가지 못한다고 분명하게 말씀하셨습니다.

나더러 주여 주여 하는 자마다 다 천국에 들어갈 것이 아니라 다만 하늘에 계신 내 아버지의 뜻대로 행하는 자라야 들어가리라 **마 7:21**

예수님이 말씀하시는 비유의 요점은 아는 것이 중요한 게 아니라 '실천하는 것'이 중요하다는 것입니다. 마음으로 사랑하고 마음으로 믿는 것은 그렇게 어렵지 않습니다. 하지만 알고 믿는 것을 행하는 것은 쉽지 않습니다.

'불쌍히 여기는 마음'은 구체적인 행동을 동반합니다. 수고와 희생을 피하지 않습니다. 제사장과 레위인은 율법을 잘 알고 있었지만, 불쌍히 여기는 마음이 없었습니다. 사마리아인은 유대인과 비교해 율법을 잘 모르는 사람입니다. 하지만 그에게는 불쌍히 여기는 마음이 있었습니다.

예수님은 사마리아인을 통해 이웃을 사랑한다는 것이 어떤 것인지를 보여주시고 율법교사, 그리고 우리에게 물으시는 것입니다. "율법을 아는 사람이 이웃이냐, 아니면 불쌍히 여기는 마음으로 어려운 자를 보살펴준 사람이 이웃이냐?"라고요.

## 특별한 일이 아니라 자연스러운 일

렘브란트가 1630년에 〈선한 사마리아인〉이라는 그림을 그렸습니다. 그의 그림에는 전하려는 메시지를 빛과 어둠을 통해 표현하는 특징이 있습니다. 밝은 곳에 있는 주인공의 모습과 표정이 주로 그가 전하고 싶은 메시지입니다.

이 그림에서는 강도 만난 자와 선한 사마리아인, 주인이 있고 주막의 한 창문으로 모자를 쓴 귀부인이 선한 사마리아인을 바라보고 있습니다. 화가는 사마리아인이 강도 만난 사람을 허름한 주막이 아니라 귀부인도 묵을 만큼 좋은 주막으로 데려가서 치료해주었다는 것을 표현하고 싶었던 것 같습니다.

3년 후에 렘브란트가 그 그림을 판화로 찍어냈는데 그 그림에 약간의 변화가 있습니다. 좌우만 바뀌고 등장인물은 다 같은데 말 옆에 똥을 누는 개 한 마리가 추가된 것입니다.

렘브란트는 강도 만난 자를 치료해주고 주막에 맡기는 그 일이 특별한 일이 아니라 개가 길거리에 똥을 누고 있는 것만큼이나 일상적이고 자연스러운 일이라고 말해주는 것 같습니다.

"누구에게 이웃이 되어주었느냐"라는 이 물음이 우리에게 특별한 일이 아니라 하나님을 믿는 사람에게는 일상과도 같은 일이 되어야 합니다. 그것이 바로 예수님이 우리에게 주시는 이 비유의 도전임을 잊지 말기를 바랍니다.

"누가 내 이웃인가"와 "누가 이웃이 되어주느냐"의 차이는 무엇일까요? '누가 내 이웃이냐'는 '나의 관점'에서 내 삶에 '경계'를 긋는 것입니다. 경계를 긋는다는 것은 자기중심적 삶의 테두리를 가진다는 것입니다. 사물을 보는 기준과 행동의 원칙이 '나의 기준'에서 출발합니다. 하지만 '누가 이웃이 되어주느냐'는 '나의 경계'를 허물고 '하나님의 마음'으로 지경을 넓히는 것입니다.

흔히 우리가 생각하는 이웃은 '이유를 제공'해주는 사람, 즉 내가 잘해줄 이유가 있는 사람입니다. 그래서 내게 잘해준 사람, 나와 관계있는 사람을 이웃으로 여깁니다. 이러한 이웃에게 선행을 베푸는 것은 어렵지 않습니다.

오늘날 신앙인의 문제는 하나님을 사랑하지만, 하나님을 사랑하는 사람을 사랑하지 않는다는 것이죠. 신앙의 관점이 '나'를 중심으로 돌아가는가, 아니면 하나님의 관점으로 보느냐의 문제입니다.

'하나님의 마음'과 '타인의 관점'에서 접근한다면 기존의 경계를 허물 수 있습니다. 이웃이 된다는 것은 경계를 허무는 것입니다. 이웃이 된다는 것은 불쌍히 여기는 마음이 든다는 것입니다. 이웃이 된다는 것은 그 마음을 행동으로 옮긴다는 것입니다.

선한 사마리아인의 비유를 통해 주님은 우리에게 경계를 허물지 않겠느냐고 묻고 계십니다. 생각을 바꾸어 놓는 이 질문에 우리는 어떤 답을 해야 할까요?

# 이 땅의 삶에서
# 천국 잔치에
# 참여하기

**누가복음 14장 15-24절**

함께 먹는 사람 중의 하나가 이 말을 듣고 이르되 무릇 하나님의 나라에서 떡을 먹는 자는 복되도다 하니 이르시되 어떤 사람이 큰 잔치를 베풀고 많은 사람을 청하였더니 잔치할 시각에 그 청하였던 자들에게 종을 보내어 이르되 오소서 모든 것이 준비되었나이다 하매 다 일치하게 사양하여 한 사람은 이르되 나는 밭을 샀으매 아무래도 나가 보아야 하겠으니 청컨대 나를 양해하도록 하라 하고 또 한 사람은 이르되 나는 소 다섯 겨리를 샀으매 시험하러 가니 청컨대 나를 양해하도록 하라 하고 또 한 사람은 이르되 나는 장가 들었으니 그러므로 가지 못하겠노라 하는지라 종이 돌아와 주인에게 그대로 고하니 이에 집주인이 노하여 그 종에게 이르되 빨리 시내의 거리와 골목으로 나가서 가난한 자들과 몸 불편한 자들과 맹인들과 저는 자들을 데려오라 하니라 종이 이르되 주인이여 명하신 대로 하였으되 아직도 자리가 있나이다 주인이 종에게 이르되 길과 산울타리 가로 나가서 사람을 강권하여 데려다가 내 집을 채우라 내가 너희에게 말하노니 전에 청하였던 그 사람들은 하나도 내 잔치를 맛보지 못하리라 하였다 하시니

## 예수님이 인생의 '수'가 되는 삶

우리는 어떨 때 후회할까요? 보통은 내 마음대로 살다가 후회하는 경우가 많을 것입니다. 하나님을 믿는 우리가 내 마음대로 살아서 후회하고 있다면, 이는 분명히 믿음 안에서 잘못 살았다는 의미가 됩니다.

예전에 한 권사님이 제게 "저는 우리 담임목사님이 무서운 사람이라는 소리를 듣는 게 싫어요"라는 문자를 보내셔서 '내가 왜 사람들에게 무서운 목사님이라는 소리를 듣게 됐을까?' 생각해본 적이 있습니다. 그때 교회의 담임목사로서 간혹 무서운 사람이 될 수밖에 없으며 그 역할은 핑계를 대거나 누군가에게 미룰 수 없다는 것을 깨달았습니다. 하나님 보시기에 부끄러움이 없다면, 제가 감당해야 할 책임일 것입니다.

물론 저도 목회자로서 모두에게 좋은 사람이 되고 싶다는 바람이 있습니다. 그런데 모두에게 좋은 사람으로 인정받는다고 해서 후회하지 않는 삶이 될 수 있을까요? 하나님을 믿는 자는 하나님 앞에서 어떤 삶을 살 것인지가 더욱 중요합니다.

유기성 목사님이 선한목자교회의 담임으로 부임할 때 교회 사정이 무척 어려웠다고 합니다. 왜 하필 빚이 많은 교회의 담임목사로 가는지 의아해하던 사람들은 '목사님에게 무슨 수가 있나 보다'라고 생각했다고 합니다. 그 이야기를 전해 들은 유기성 목사님은 '나에게 무슨 수가 있다는 걸까?' 하며 기도했는데, 정말로 '수'가 있었다고 합니다. 바로, 예'수'였습니다.

믿음으로 산다는 것, 즉 온전히 주님을 바라보고 산다는 것은 예수님이 그 삶의 '수'가 되는 것입니다. 우리에게 어떤 왕도가 있는 것이 아닙니다. 하나님을 바라보며 예수님의 마음으로 살아가는 신앙인의 예'수'가 삶 가운데 분명하게 있다면 후회하지 않는 믿음의 인생을 살게 됩니다.

믿음은 무엇일까요? 어떤 선교사님이 목욕탕에 갔다가 카운터에 적힌 이 글귀를 보고 은혜를 받았다고 합니다.

## 맡기지 않은 물건은 책임지지 않습니다

믿음은 하나님께 완전히 맡기는 것입니다. 우리가 인생을 하나님께 맡기지 못하면 하나님은 우리를 책임지실 수 없습니다. 당신은 하나님께서 책임지실 것을 신뢰하고 당신의 삶을 하나님께 온전히 맡겨드렸습니까? 예수님을 믿는다고 하면서 믿음 없는 삶을 살지 않았는지 돌아봐야 합니다.

강남중앙침례교회 최병락 목사님이 한 교회에 특별 새벽기도 강사로 갔을 때의 일화입니다. 새벽 예배를 마치고 부목사님과 자전거를 타다가 벤치에 앉아 잠시 쉬는데, 60대 중반쯤 되는 분이 와서 지갑과 핸드폰을 목사님 옆에 놔두고 근처 철봉에서 운동하더니 급기야는 그것들을 그대로 둔 채 화장실에 가더랍니다.

한참이 지나도 화장실에서 나오지 않자 목사님은 '저 아저씨가 정말로 믿음이 좋다. 나를 믿는 모양인데, 내가 저 아저씨의 물건을 지켜줘야겠다'라고 결심하고 결국 그 분이 화장실에서 나올 때까지 물건을 지켰다고 합니다.

우리가 하나님을 믿지 못하기 때문에 하나님 앞에서 믿음의 대상이 되지 못하는 것은 아닐까요? 맡기면 지켜주시는 하나님을 신뢰하지 못해서 근심하고 걱정하는 것은 아닐까요?

## 하나님의 부르심에 제외될 사람은 없다

이르시되 어떤 사람이 큰 잔치를 베풀고 많은 사람을 청하였더니 잔치할 시각에 그 청하였던 자들에게 종을 보내어 이르되 오소서 모든 것이 준비되었나이다 하매 **눅 14:16,17**

이 잔치를 베푼 주인의 비유는 우리가 잘 아는 내용으로, 어떤 주인이 잔치를 열고 손님을 초청하는 이야기입니다. 여기서 주인은 하나님을 의미합니다. 하나님이 잔치를 열고 누군가를 초청하셨는데, 그 누군가는 누구일까요? 바로 '나'입니다. 이 비유 속에 나를 대입해서 이 말씀을 봐야 합니다.

당시 근동지방에서는 손님을 잔치에 초대할 때 주최자의 신분에 따라 손님의 신분도 결정되었다고 합니다. 그러므로 이 비유에서 첫 번째로 초청받았던 이들은 잔치의 주인과 격이 맞는 높은 신분의 사람들이었을 것입니다.

성경에 "잔치할 시각에 그 청하였던 자들에게"라고 한 것을 보면 주인이 미리 초청장을 보냈다는 사실을 짐작할 수 있습니다. 갑자기 잔치에 오라고 한 것이 아니라 미리 초청장을 보내놓고 그 시각이 되었을 때 종을 보냈던 것입니다.

그런데 18절에 보면 "다 일치하게 사양하여"라고 되어 있습니다. 초청받은 손님들이 다들 잔치에 참석하지 못하는 이유를 이야기하는데 그 이유가 별로 합리적이지 않습니다. 밭을 샀기에 돌아보아야겠다, 소 다섯 겨리를 샀는데 시험하러 가야겠다, 새신랑이라 올 수 없다고 합니다.

미리 초청장을 보냈기 때문에 잔치가 열리기 전에 자기 일을 미리 끝내놓을 시간이 충분히 있었을 텐데도 궁색한 이유를 대면서 잔치에 갈 수 없다고 말합니다. 누가 봐도 오기 싫어서 핑계를 대는 것임을 알 수 있습니다.

우리는 어떻습니까? 궁색한 변명을 대며 하나님의 부르심을 거절하고 있지는 않습니까? 하나님의 부르심 가운데 살아가고 있다고 자신 있게 고백할 수 있습니까?

마음이 상한 주인은 종들에게 시내의 거리와 골목으로 나가서 가난한 자들과 몸이 불편한 자들과 맹인들과 다리 저는 자들을 데려오라고 명령합니다(21절). 그래도 잔치 자리가 채워지지 않자, 길과 산울타리 가로 나가서 사람들을 데려오라고 합니다(23절).

이 "길과 산 울타리 가"는 유대인 공동체 밖에 있는 사람을 의미합니다. 거기에는 나병 환자도 있을 수 있고, 죄인도 있을 수 있고, 소외된 자도 있을 수 있습니다. 중심에서 밀려난 사람들, 유대인 공동체에 들어올 자격이 없는 사람들을 초청한 것입니다.

저는 여기서 예수님이 이사야서를 인용해 말씀하신 사명 선언문이 떠올랐습니다.

> 주의 성령이 내게 임하셨으니 이는 가난한 자에게 복음을 전하게 하시려고 내게 기름을 부으시고 나를 보내사 포로 된 자에게 자유를, 눈먼 자에게 다시 보게 함을 전파하며 눌린 자를 자유롭게 하고 주의 은혜의 해를 전파하게 하려 하심이라 하였더라 **눅 4:18,19**

이처럼 하나님의 부르심에서 제외될 사람은 아무도 없습니다. 하나님이 우리를 부르실 때 그 자격에서 벗어나는 사람은 한 사람도 없습니다. 하나님은 우리 모두를 부르고 계십니다.


## 초대에 '아직은' 응하기 싫은 이유

그렇다면 예수님은 이 비유를 통해서 우리에게 무엇을 묻고 계실까요? 예수님은 하나님이 우리를 부르실 때 그 부르심에 응답할 용기가 있는지를 묻고 계십니다. 이 세상 한가운데에서 하나님의 부르심에 응답하는 것은 믿음의 용기가 없으면 불가능한 일이기 때문입니다.

우리는 이 비유를 통해서 어떤 것을 보게 될까요? 실망한 주인의 모습을 보게 되지 않을까요? 한 사람도 잔치 자리에 참여하지 않는 것을 본 주인이 얼마나 실망하고 모욕감을 느꼈을까요?

가장 먼저 초대받은 귀한 손님들은 율법학자, 바리새인, 서기관, 혹은 종교지도자들로 볼 수 있습니다. 하나님께서 예수 그리스도를 보내어 일차적으로 유대인들을 천국 잔치에 초대하셨지만 그들은 퇴짜를 놓았습니다. 그것은 아마도 하나님나라가 시시해 보였기 때문이겠지요.

천국 잔치보다 세상 잔치가 더 소중하고 거기에 더 즐거움이 있기에 천국 잔치를 거부한 것입니다. 하나님의 부르심에 응답하지 못하는 것은 그 부르심보다 다른 가치를 더 중요시하기 때문입니다. 하나님나라에 얼마나 큰 가치가 있고 복음이 얼마나 큰 영향력이 있는가를 깨닫지 못한 사람에게는 영광스러운 초청이 의미가 없는 것입니다.

혹시 당신에게도 하나님의 초대보다 소중하게 생각하는 무엇인가가 있을까요? 초대에 응할 마음이 아주 없는 것은 아니지만, 아직은 아니라고 생각하는 이유들 말입니다.

성 어거스틴은 자신의 고백록에서 "주여, 저에게 순결을 주옵소서. 그러나 아직은 마옵소서"라는 기도를 드린 적이 있다고 솔직하게 고백했습니다. 순결하고 싶은 열망은 많지만 아직은 아니라는 것이죠. 아직은 더 정욕대로 살고 향락을 추구하고 나중에 가서 순결하면 안 되냐는 기도입니다.

혹시 당신의 기도가 이와 같지는 않은지요? "하나님의 부르심에 순종하겠습니다. 조금만 있다가요"라고 말하면서 뒷전으로 미루고 있지는 않습니까?

당신이 이 세상보다 하나님의 말씀에 가치를 두고 있기를 바랍니다. 이 세상과는 다른 하늘나라의 가치를 더욱 사모하길 바랍니다. 신앙의 타락은 하나님을 원하고 따르기보다 세상의 가치를 원하고 따르는 것입니다.

두 번째로 초대받은 사람들, "시내의 거리와 골목"에서 청함을 받은 사람들은 세리나 창기와 같은 사람이고, 마지막에 "길과 산울타리가"에서 초청을 받아 자리를 채운 사람들은 이방인들이라 할 수 있습니다. 바로 우리입니다.

초대받은 손님들의 거절 때문에 하나님은 얼마나 마음이 아프셨겠습니까? 그런데 이 천국 잔치에 이방인인 우리까지 들어갈 수 있는 길이 열리게 되었습니다. 본래 초대받지 못한 자였던 우리가 주인의 호의와 은혜로 초대받은 것입니다. 그러니, 자격 없는 우리를 천국 잔치에 불러주신 하나님께 감사하며 항상 겸손한 태도로 살아야 하지 않을까요?

## 하나님나라에서 떡을 먹는 자는 복되다

앞서 각 비유를 잘 이해하기 위해서 예수님이 왜 이런 비유를 말씀하시게 되었는지 그 배경을 살펴보았습니다. 이 비유는 어떤 상황에서 나오게 되었을까요?

> 안식일에 예수께서 한 바리새인 지도자의 집에 떡 잡수시러 들어가시니 그들이 엿보고 있더라 **눅 14:1**

예수님의 공생애 동안 바리새인들과 긴장 관계가 계속되었는데, 안식일에 병자를 고치는 일 때문이었습니다. 즉, 기존의 종교인들과 예수님의 삶의 방식이 달랐던 것입니다.

종교인들의 특징은 자신과 방식이 다른 것을 잘 용납하지 못하니다. 흔히 자신들이 정해놓은 규칙을 지키는 것을 참된 신앙이라고 착각하기 때문이죠. 본래 규칙이란, 올바른 신앙생활에 도움이 되도록 만들어 놓은 것인데 규칙을 지키지 않으면 신앙을 버린 것처럼 생각해 주객이 전도될 수 있습니다.

주객이 전도된 가치를 가진 바리새인들이 트집을 잡기 위해서 예수님의 행동을 몰래 엿보고 있었습니다. 안식일에 예수님이 한 바리새인 지도자의 집에 들어가 식사를 하실 때, 무슨 일이 일어날지를 주목하고 있었던 것입니다.

아니나 다를까, 예수님은 '수종병' 든 자를 고쳐주셨고, 그로 인해 또 한 번 논쟁이 일어났습니다(2-6절). 그 자리에서 예수님은 '논쟁 속으로' 들어가는 대신, 잔치에 관한 두 가지 이야기를 하십니다.

먼저, 잔치 자리에 청함을 받았을 때 '높은 자리'에 앉지 말라고 충고하십니다. 높은 자리에 앉아 있다 끌려 내려오는 것보다는 낮은 자리에 있다가 올림을 받는 것이 지혜롭다는 말씀입니다. 그러면서 "무릇 자기를 높이는 자는 낮아지고 자기를 낮추는 자는 높아지리라"(눅 14:11)라고 말씀하십니다.

다음으로, 잔치에 누군가를 청할 때는 가난하고 불편한 사람을 초청하라고 하십니다. 누군가를 청하고 대가를 바라는 것보다 아무것도 갚아줄 것이 없는 사람을 청하는 것이야말로 복된 일이라고요. 당시의 사회적인 통념과는 조금 다른 하늘나라의 가치를 말씀하신 것입니다.

바로 이 순간, 함께 잔치에 참여해 예수님의 말씀을 듣고 있던 한 사람의 이야기로 인해 이 비유가 등장하게 됩니다.

함께 먹는 사람 중의 하나가 이 말을 듣고 이르되 무릇 하나님의 나라에서 떡을 먹는 자는 복되도다 하니 **눅 14:15**

"하나님의 나라에서 떡을 먹는 자"는 하늘나라의 가치에 동조하는 '주님의 동료'를 뜻합니다. 주님과 함께 떡을 먹는 공동체가 된다는 것입니다.

예수님이 종교인들의 삶과 다른 방식을 이야기하실 때 이 말을 듣고 있던 그 사람에게 믿음이 들어간 것입니다. 그래서 "그렇습니다. 주님! 그러한 방식으로 사는 것이 하늘나라입니다. 주님과 함께 거하며 살고 떡을 먹는 것은 복된 일입니다"라고 고백했고, 그러자 주님이 이 비유를 시작하셨습니다.

## 잔치 참여는 삶의 방식을 바꾸는 일

이 잔치의 비유는 그동안 주로 종말론적으로 혹은 복음 초청으로 이해되어왔습니다. "전에 청하였던 그 사람들은 하나도 내 잔치를 맛보지 못하리라"(눅 14:24)라는 주인의 말 때문에 주인의 초청에 빨리 응답하지 않으면 하늘 문이 닫힐 것 같다는 생각이 들기 때문입니다.

그런데 이 비유 앞에 있었던 사건과 연결해서 생각하면, 현재의 삶으로 초청하는 것으로 보아야 할 것입니다. 죽음에 대한 준비도 중요하지만, 지금 살아가는 삶을 낭비하지 말고 하늘나라의 삶의 방식으로 살라는 초청도 시급합니다.

하나님의 나라에서 떡을 먹는다는 것은 '하늘나라의 삶의 방식'으로 살아간다는 것입니다. 주인이 잔치를 베풀고 사람들을 초대한 것은 '하늘나라의 삶'이라는 새로운 삶의 방식으로 초대했다는 뜻으로 이해하면 적절할 것 같습니다.

주인이 베푼 "큰 잔치"는 새로운 삶의 방식이니, 바리새인들과 율법학자들이 붙잡던 율법적 규범이 아닌, 하늘나라에서 사는 놀라운 이치가 아닐까요? 그런데 초청을 받은 이들이 하나같이 거절했다는 것은 그들이 살아온 삶의 방식을 포기하지 못했다는 것이죠.

일치하게 사양하는 손님들이 공통적으로 "청컨대 나를 양해하도록 하라"(눅 14:18,19)라고 말합니다. 이 말을 영어성경(NIV)에서는 "Please excuse me"라고 번역했습니다.

초대를 받고서 갈 수 없는 사정이 있으면 "못 갑니다. 죄송합니다"라고 하면 될 일인데 양해해달라는 것은 조금 다른 의미가 될 것입니다. 이 말은 "내가 다른 선택을 하고 있으니 양해해주십시오"라는 말과 같습니다. 잔치에 참여하는 기쁨보다 더 큰 기쁨이 나를 기다리고 있으니 양해해달라는 것입니다.

하나님의 뜻대로 살겠다고 고백하는 우리가 하늘나라의 방식대로 살아가지 못하는 이유는 다른 기쁨이 있기 때문입니다. 핑계를 댄다는 것은 다른 선택을 한다는 뜻입니다. 그러나 이 비유는 우리가 하나님의 초청에 응하지 않고 다른 선택을 한다면 궁극적인 기쁨을 놓치게 될 것이라고 분명하게 말합니다.

잔치에 참여하라는 말은 우리의 일상을 전부 깨뜨리라는 의미가 아닙니다. 하나님의 부르심을 따라 내가 어떻게 살아야 할지를 깨닫고 무엇이 가장 중요한지를 알아서, 후회로 가득한 삶의 방식을 바꾸는 것을 의미합니다.

그런데 주님의 잔치 자리에 참여하면 삶에서 기쁨만 누릴 것으로 오해해서는 안 됩니다. 우리는 기쁨의 삶을 누릴 거라 기대하지만, 오히려 삶이 조금 불편해질 수 있습니다.

당신은 예수님 때문에 삶에서 불편함을 느낍니까? 예수님을 믿는다고 하면서 일상에서 불편함을 느끼지 못한다면 잘못 믿고 있는 것입니다. 하늘나라의 방식으로 이 세상을 살아가는데 어떻게 우리의 삶이 불편하지 않을 수 있겠습니까?

한번은 평신도 부부와 점심을 들며 그들의 기도 제목을 물어보았더니 "제 삶의 편안한 지대에서 벗어나길 원합니다"라면서 "하나님을 위해서 불편하게 살아보겠습니다"라고 덧붙였습니다. 참으로 멋지지 않습니까?

우리는 하늘나라 백성으로 초대받았기 때문에 이 세상에서 불편한 삶을 능히 감당할 수 있습니다. 하나님께서 우리를 초청하시는 것은 지금 당장 죽어서 천국에 오라는 게 아닙니다. 그 초청에 응함으로 인해 매일 삶 속에서 하나님의 음성을 듣고 거룩한 하늘나라의 백성으로 살아가라는 의미입니다.

## 너희가 나와 함께 기쁨에 참여하리라

손님들이 초청을 거절하자 종들에게 밖으로 나가서 누구든지 데려오라고 한 주인의 말에서 두 가지 마음이 느껴집니다.

하나는 이렇게 좋은 잔치를 베풀었는데 오지 않는 사람들, 즉 하늘나라의 삶의 방식을 선포했는데 그렇게 살지 못하는 사람들에 대한 안타까운 마음입니다. 그러니 자기 잔치에 오지 않는 사람들을 강권하여서라도 데리고 와서 그 자리에 앉히라는 것입니다.

또 하나는 자신감입니다. 누구라도 불러서 이 연회에 사람을 채우라는 것은 이 잔치에 참여하는 자는 누구든지 실망하지 않으리라는 확신이 있었기 때문입니다.

예수님을 믿는 것은 그 어떤 것보다 행복한 일입니다. 예수님을 믿는 것은 너무나도 좋은 일입니다. 예수님의 말씀을 따라 살아가는 것이 인생에서 가장 기쁜 일입니다. 예수님은 바로 그 기쁨의 자리로 우리를 초대하십니다.

볼지어다 내가 문밖에 서서 두드리노니 누구든지 내 음성을 듣고 문을

열면 내가 그에게로 들어가 그와 더불어 먹고 그는 나와 더불어 먹으리라

계 3:20

예수님이 문을 두드리실 때 문을 열고 주님과 함께 떡을 먹는 그것이 우리 인생의 복입니다. 그 가치를 모르면 주님이 예비하신 잔치를 놓치게 됩니다. 주님과 함께 떡을 떼는 것이 복이라고 믿는 사람이 그렇게 살아갈 수 있지 않겠습니까?

우리 신앙의 문제는 더 좋은 것을 위해 덜 좋은 것을 포기할 용기가 없다는 것입니다. 진정으로 좋은 것이 무엇인지 잘 분별하지 못하는 어린아이처럼 말입니다.

설날, 아이들이 할아버지, 할머니께 세배하고 세뱃돈을 받으면 부모들은 그 돈을 보관해준다며 달라고 합니다. 그냥 달라고 해서 주지 않으면 반짝이는 동전들을 보여주며 바꾸자고 합니다. 그러면 분별이 안 되는 아이들은 기꺼이 종이돈을 내어주고 동전을 받아듭니다.

현실적 삶에 미련을 버리지 못하는 사람들은 이 놀라운 잔치의 가치를 영원히 모를 것입니다. 결국 그들이 핑계를 대는 것은 현실 삶에 대한 미련일 뿐입니다. 밭을 샀다는 경제적 가치, 소를 시험해 보겠다는 삶의 목표 성취, 결혼했으니 일단은 현실의 삶에 탐닉하겠다는 욕구 말입니다.

신앙은 내가 잡아야 할 것 때문에 놓아야 하는 것이 분명해지는 것입니다. 예수님은 이 잔치에 참여하는 자는 그분과 함께 기쁨을 누

릴 뿐만 아니라 천국의 기쁨을 맛보게 되리라는 확신으로 말씀하고 계십니다.

이 비유를 종말론적 복음의 초청으로 본다면 구원과 부활에 대한 보상으로 잔치에 응하는 것이겠지만, 새로운 삶의 방식으로의 초청으로 본다면 잔치 참석의 의미는 다르게 보일 것입니다. 하나님의 은혜에 이끌려, 기꺼이 부르심에 응하고 삶의 방식을 하나님나라의 방식으로 바꾸겠다는 응답입니다.

예수님이 초청하시는 천국은 죽어서 가는 나라가 아니라, 지금 믿는 순간부터 예수님을 통해 하나님을 친밀히 알아가는 나라입니다. 그리스도인에게 주어진 임무는 죽어서 구원받는 데서 그치지 않고, 삶의 방식과 가치를 바꾸는 것에서부터 시작됩니다.

## 창밖 풍경처럼 이 땅에서 바라보는 천국의 삶

새문안교회 이상학 목사님이 들려주신 예화입니다. 마을 사람 30여 명이 탄 관광버스가 일정을 마치고 마을로 돌아오는 길이었습니다. 날이 무척 더워서 창문을 다 닫고 에어컨을 켰는데, 에어컨만으로는 더위가 해결되지 않는 데다가 탁하고 후텁지근한 공간에 30여 명이 모여있으니 사람들이 짜증스러워하기 시작했습니다.

그러다 장난 비슷하게 말싸움이 시작됐는데 별것 아닌 말에도 쉽게 감정이 상하여 얼굴을 붉히고 멱살을 잡는 험악한 분위기로 번졌다고 합니다. 그때 어떤 사람이 무엇을 보았는지 "우와! 멋지다!"라고 하면서 커튼을 확 젖혔습니다.

그 바람에 사람들이 싸우다 말고 함께 창문 밖을 내다보았습니다. 탁 트인 벌판에 아름답게 펼쳐진 저녁노을을 바라보며 감탄했고, 어느덧 목적지에 도착했을 때는 언제 싸웠느냐는 듯 어깨를 두드려주며 행복하게 헤어졌다고 합니다.

우리가 사는 이 세상이 마치 아무것도 아닌 일로 아웅다웅 싸우는 혼탁한 버스 안 같습니다. 그런데 누군가가 버스의 커튼을 확 열어젖히고 놀라운 광경을 소개하자 탁한 공기가 더는 문제가 되지 않았습니다.

예수님이 비유를 말씀하신 그 당시는 참 '탁한' 시대였습니다. 종교지도자들은 타락했고, 유대는 로마의 속국이 되어 매국노가 판치고 백성은 피지배 민족으로 설움을 당했습니다. 그때와 같이 혼탁한 시대를 살아가는 이 나라의 상황을 바라보면 참 가슴 아픕니다.

그런데 예수님은 우리에게 놀라운 광경을 바라보게 하시면서 하늘나라의 방식을 가르쳐 주고 계십니다. 바로 그 세상 한가운데서 하나님의 잔치를 이야기하신다면, 우리도 삶의 한가운데서 하늘나라의 잔치에 참여할 수 있다는 말이 아니겠습니까?

예수님은 이 세상 한가운데서 늘 하나님의 나라를 선포하셨고 새로운 삶의 방식을 가르쳐 주셨습니다. 그리고 우리를 그 새로운 세계로 초청하고 계시는 것입니다.

우리는 주님의 부르심을 따라 살아가는 사람들입니다. 믿는 자는 이 세상에서 주님의 말씀을 선포하고 그 말씀을 따라 살아가는 용기 있는 사람입니다.

내가 결코 놓을 수 없다고 생각했던 부와 명예, 그리고 이성의 욕망을 놓을 수 있게 되는 것을 상상해보시기 바랍니다. 두 손에 꽉 움켜쥐고 절대 놓을 수 없다고 생각하던 것을 놓고, 누군가를 위해 한쪽에 든 것을 양보하는 것, 삶의 욕망을 추구하던 내가 하나님의 부르심으로 기꺼이 헌신하여 살아가는 것을 생각해보기 바랍니다. 바로 그 자리 한가운데서 우리가 '큰 잔치'를 경험할 수 있지 않을까요?

세상의 싸움과 분쟁 한가운데서 "우와! 하나님이 나를 부르셨어! 하나님의 말씀을 따라 사는 것이 복되구나!"라고 고백하는 그 한 사람이 바로 내가 되어야 합니다.

예수님은 우리를 잔치 자리로 부르십니다. 지금 우리에게 필요한 것은 믿음의 결단입니다. "제가 주님의 말씀을 따라, 주의 도를 따라, 하늘나라의 법칙을 따라 하늘나라의 방식으로 살아가겠습니다"라고 고백할 때 예수님이 확신 가운데 "너희가 나와 함께 기쁨에 참여하리라"라고 말씀하실 것입니다.

*Knowing Jesus' Heart*

# 천국의 원리를
# 헤아리기

# 불의한
# 청지기가
# 지혜롭다고요?

**누가복음 16장 1-8절**

또한 제자들에게 이르시되 어떤 부자에게 청지기가 있는데 그가 주인의 소유를 낭비한 다는 말이 그 주인에게 들린지라 주인이 그를 불러 이르되 내가 네게 대하여 들은 이 말 이 어찌 됨이냐 네가 보던 일을 셈하라 청지기 직무를 계속하지 못하리라 하니 청지기가 속으로 이르되 주인이 내 직분을 빼앗으니 내가 무엇을 할까 땅을 파자니 힘이 없고 빌어 먹자니 부끄럽구나 내가 할 일을 알았도다 이렇게 하면 직분을 빼앗긴 후에 사람들이 나 를 자기 집으로 영접하리라 하고 주인에게 빚진 자를 일일이 불러다가 먼저 온 자에게 이 르되 네가 내 주인에게 얼마나 빚졌느냐 말하되 기름 백 말이니이다 이르되 여기 네 증 서를 가지고 빨리 앉아 오십이라 쓰라 하고 또 다른 이에게 이르되 너는 얼마나 빚졌느냐 이르되 밀 백 석이니이다 이르되 여기 네 증서를 가지고 팔십이라 쓰라 하였는지라 주인 이 이 옳지 않은 청지기가 일을 지혜 있게 하였으므로 칭찬하였으니 이 세대의 아들들이 자기 시대에 있어서는 빛의 아들들보다 더 지혜로움이니라

## 참 나쁜 청지기

또한 제자들에게 이르시되 어떤 부자에게 청지기가 있는데 그가 주인의 소유를 낭비한다는 말이 그 주인에게 들린지라 주인이 그를 불러 이르되 내가 네게 대하여 들은 이 말이 어찌 됨이냐 네가 보던 일을 셈하라 청지기 직무를 계속하지 못하리라 하니 **눅 16:1,2**

비유의 첫 부분에서 이 불의한 청지기는 주인의 소유를 낭비한 사람으로 소개됩니다. 재물을 쓸데없이 쓰고 자기를 위해서 쓰는 것을 '낭비'라고 하지요. 그 주인이 이 불의한 청지기를 그냥 놔둘 수 없었습니다. 주인의 말을 우리에게 적용한다면, 우리가 살아왔던 삶을 하나님께서 점검해보겠다는 말일 것입니다. 우리가 살았던 삶에 대하여 책임질 날이 돌아옵니다.

이 불의한 청지기는 이제 해고될 것을 알고 '주인이 내 직분을 빼앗으니 내가 무엇을 할까? 땅을 파자니 힘이 없고, 빌어먹자니 부끄럽구나'(눅 16:3)라고 생각합니다. 왜 해고되는지는 생각하지 않고 자기가 처할 난감한 상황만 걱정합니다.

"땅을 파자니 힘이 없고"라는 말이 진짜 힘이 없다는 말로 들리나요? 그동안 주인의 돈으로 편하게 살았더니 땅 파는 힘든 일은 싫다는 겁니다. 게다가 빌어먹을 생각도 했어요. 빌어먹자니 부끄럽다고 합니다. 일하기도 싫고 창피한 것도 싫고, 참 얄미운 사람이죠. 그런데 그가 찾아낸 해법까지 얼마나 얄미운지 모릅니다.

> 내가 할 일을 알았도다 이렇게 하면 직분을 빼앗긴 후에 사람들이 나를 자기 집으로 영접하리라 하고 눅 16:4

사람들이 자기 집으로 영접한다는 말은 1세기 중동 지역에서 '다른 일자리를 얻는다'라는 뜻의 관용적 표현입니다. 그는 이렇게 하면 나중에 자기가 누군가의 재산을 관리하는 청지기직을 다시 할 수 있을 거라고 생각한 것입니다.

그래서 주인에게 빚진 자들을 일일이 불러다가, 기름을 100말 빚진 사람은 50말 빚진 것으로, 밀 100석 빚진 자는 80석 빚진 것으로 쓰게 합니다. 주인의 돈인데 자기가 빚을 일부 탕감해줘서 그들에게 도움이 되게 합니다.

그는 자신의 권한을 마지막으로 이용해 채무자들의 빚을 감면해줌으로써 그들의 호의를 살 작정이었습니다. 그런데 참 복장 터지게도, 예수님은 이 불의한 청지기를 오히려 지혜롭다고 칭찬하시니, 이 비유를 어떻게 해석해야 할지 참 난감합니다.

혹시 신앙생활을 하는 동안 이 불의한 청지기 비유를 주제로 한 설교를 들은 적이 있나요? 어쩌면 한 번도 없을지도 모릅니다. 이 이해할 수 없는 상황 때문에 많은 사람이 어려워하고 많은 목회자가 이 본문을 기피하는 게 사실입니다.

주인이 이 불의한 해법을 지혜로운 것으로 생각했다는 비유를 통해 예수님은 그분의 어떤 마음을 전하고 싶어 하신 걸까요?

## 불의한 청지기의 지혜로운 해법

주인의 재물을 낭비해 해고되면서 해법이라고 찾은 게 이 돈을 가지고 횡령(橫領, 공금이나 남의 재물을 불법으로 차지하여 가짐), 유용(流用, 남의 것이나 다른 곳에 쓰기로 되어 있는 것을 다른 데로 돌려서 씀), 배임(背任, 타인의 사무를 처리하는 사람이 그 임무에 위배되는 행위로 손해를 끼치거나 재산상 이익을 얻는 것)하는 것이니 참 불의하고 이기적이지요.

아직은 청지기로 있으니, 그 직분을 이용해 불의한 방법으로 자신에게 유리한 상황을 만들려고 합니다. 청지기 지위를 이용해 호혜를 베풀면 사람들이 자신을 좋게 여기리라 생각한 것입니다. 이전과 다른 점은 전에는 자기만을 위해 재물을 낭비했는데 이번에 주인의 재물을 유용하는 일에는 남에게 도움이 되는 면도 조금은 있다는 것이죠.

그런데 주인은 이 불의한 청지기를 칭찬합니다.

> 주인이 이 옳지 않은 청지기가 일을 지혜 있게 하였으므로 칭찬하였으니 이 세대의 아들들이 자기 시대에 있어서는 빛의 아들들보다 더 지혜로움이니라 **눅 16:8**

불의한 청지기로 대변되는 이 세대의 아들들이 빛의 자녀들, 하나님께 택하심을 받은 자녀들보다 더 지혜롭게 한다고 하셨는데, 주인이 생각한 "더 지혜로움"이란 무엇을 가리키는 것일까요? 한 가지 더, 빛의 아들들의 지혜롭지 못한 행동은 무엇일까요? 이것을 알면 이해할 수 없던 난제가 풀립니다.

예수님이 어떤 대상을 향해 말씀하시는지를 알기 위해 청지기와 재물을 표로 설명해보겠습니다.

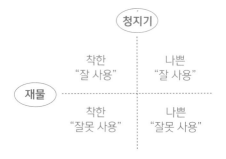

착한 청지기 중에 재물을 잘 사용하는 사람이 있고 재물을 잘못

사용하는 사람이 있습니다. 나쁜 청지기 중에도 재물을 잘 사용하는 사람이 있고 재물을 잘못 사용하는 나쁜 청지기도 있습니다.

재물을 잘 사용하는 착한 청지기는 아무 문제가 없고, 재물을 잘못 사용하는 나쁜 청지기는 나쁜 사람이죠. 이 두 부분은 너무도 당연한 부분이라 신경 쓸 필요가 없고 예수님도 말씀하지 않으십니다. 그런데 착한 청지기가 재물을 잘못 사용한다면 문제가 있습니다.

이 비유는 보편적인 착하고 나쁜 사람들 말고, 나쁜 청지기인데 재물을 잘 사용하는 사람과 착한 청지기인데 재물을 잘못 사용하는 사람, 이 둘을 비교하고 있습니다. 그러니 나쁜 청지기인데 재물을 어떻게 잘 사용하는가, 좋은 청지기인데 재물을 어떻게 잘못 사용하는가, 이 카테고리 안에서 봐야 합니다.

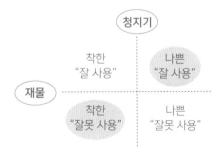

이 카테고리 안에서 우리는 나쁜 청지기, 세상 사람들이 아니라 빛의 자녀들에 속합니다. 따라서 예수님이 빛의 자녀들을 질책하신다면, 그 질책은 바로 우리를 향한 것입니다. 이것을 염두에 두어야 이 비유의 말씀이 제대로 이해되겠지요.

## 하나님의 자비하심이 우리를 사용하신다

흔히 이 비유를 정직한 재정 관리의 중요성으로 해석하지만, 그런 관점으로 보면 이 불의한 청지기를 지혜롭다고 말하는 예수님의 의도를 파악할 수 없습니다. 재정 관리가 아니라 이 주인의 자비하심과 주인의 구원이라는 관점에서 봐야 합니다.

이 비유는 궁극적으로 하나님의 은혜와 구원을 가리킵니다. 그러고 보니, 이 비유에 나타나는 부자 주인이 얼마나 자비로운 사람인지 모릅니다. 불의한 청지기가 주인의 돈을 유용했는데도 그를 바로 옥에 가두거나 노예로 팔지 않았습니다. 오히려 해고를 통보하여 그가 잘못한 것을 만회하거나 뒷정리를 할 수 있는 시간까지 줍니다.

반면 이 불의한 청지기는 아주 교활합니다. 주인의 은혜를 입었지만, 그 은혜에 합당한 행동을 하는 것이 아니라 자기 앞날을 위한 계책 마련에 분주합니다. 그의 전략은 주인에게 빚진 자들의 채무를 감해주는 것이었습니다.

기름 백 말은 올리브나무 약 92-150그루가 생산하는 기름의 양으로 약 일천 데나리온 정도이며 이는 품꾼의 3년치 품삯에 해당합니다. 그중 절반을 자기 마음대로 탕감해주었습니다.

밀 백 석은 약 12만 평의 땅에서 농사를 지은 생산량으로 그 액수를 오늘날로 환산하면 노동자의 8-10년치 급여에 해당합니다. 그 빚의 20퍼센트를 탕감해준 것이지요.

분명히 불의한 일인데 주인은 그 일과 이렇게 탕감해준 사람을 괜

찮다고 보고 있습니다. '네가 옳은 사람은 아니지만 빚을 탕감해주는 네 행위가 내 마음에 든다, 너는 지혜롭게 이 물질을 사용하고 있다' 라고요. 그분의 자비하심 때문입니다.

불의한 청지기가 바람직한 일꾼이 아님에도 불구하고 하나님은 쓰실 수 있다는 것입니다. 불의한 청지기가 주인에게 택함을 받았지만 바람직한 일꾼은 아니었듯이 우리도 주님께 택함은 받았지만 그렇게 바람직하지는 않을 수 있습니다.

그런데 우리가 하는 일을 하나님께 인정받을 수 있는 것은 철저하게 주인의 자비하심에 근거하고 있고, 하나님의 은혜로우심에 의하여 우리가 쓰임 받을 수 있다는 것입니다. 우리의 온전함이 아닌 그분의 자비하심이 우리를 사용하시는 것입니다.

스캇 솔즈가 《온유함으로 답하다》(A Gentle Answer)라는 책에서 말했듯, 여섯 살짜리 꼬마가 베토벤 곡을 엉망으로 연주한다고 베토벤을 기준 미달의 작곡가로 부를 수 없고, 제자들이 예수님을 제대로 본받지 못했다고 해서 그분을 기준 미달의 구주로 부를 수 없습니다. 마찬가지로, 불의한 청지기가 불의하게 행한 일 때문에 주인이 불의한 분인 것은 아닙니다.

오히려 그 일을 통하여 그 주인이 얼마나 자비하신 분인지 드러나게 되지요. 택함받은 자들이 불성실하고 불의하다고 해서 그 주인에 대한 신뢰를 잃어서는 안 됩니다. 자비로운 주인은 불의에 대하여 새로운 대안을 제시하고 있으니 말입니다.

예수님이 빛의 아들들에게 질책하고 있는 게 뭔지 아세요? 불의한 자들도 이렇게 재물을 사용함으로 나의 자비하심을 드러내는데, 너희는 빛의 자녀라고 하면서 하나님께서 맡겨주신 재능과 재물, 건강을 지혜롭게 쓰고 있느냐는 것입니다.

## 영원한 가치에 투자하라

불의한 청지기 비유에 이어 예수님은 재물에 관해 말씀하시는데 여기에도 잘 이해되지 않는 부분이 있습니다.

내가 너희에게 말하노니 불의의 재물로 친구를 사귀라 그리하면 그 재물이 없어질 때에 그들이 너희를 영주할 처소로 영접하리라 **눅 16:9**

불의의 재물로 친구를 사귄다는 게 무슨 뜻일까요? 영어성경(NIV)에는 "불의의 재물"이 'worldly wealth', 즉 '세상적인 부(富)'로 나와 있습니다. 불의하게 번 돈이라는 의미가 아니라 세상의 재물을 가리키는 것이죠. 돈이 가지고 있는 특성을 말하며, 어떻게 사용하는가에 관한 것입니다.

불의의 재물은 불공평하고 불의가 편재하는 이 세상에 속했으나 이 재물 자체는 중립적입니다. 성경은 돈에 대하여 언제나 가치중립적으로 보고 있으며, 하나님은 그 사용권을 인간에게 위임하셨습니다.

영화 〈쉰들러 리스트〉(Schindler's List, 1993)에서 쉰들러는 자신의 공장에 유대인을 채용해 수용소로 잡혀갈 뻔한 그들의 목숨을 구합니다. 영화의 마지막에서 그는 "왜 이 차를 안 팔았지? 최소한 열 명은 구했을 텐데"라며 안타까워합니다. 예수를 믿고 안 믿고를 떠나, 세상의 재물로 수많은 생명을 구해낸 그 사람이야말로 "불의의 재물"을 하나님을 위해 사용한 충성된 사람입니다.

돈은 하나님을 위하여 쓰일 수도 있고 세상의 욕망을 위해 쓰일 수도 있습니다. 재물의 성격은 사용하는 자에게 달렸습니다. 인간의 욕심과 지배욕이 작동하면 재물은 불의한 방식으로 사용되고 '불의한' 재물이 되지만, 의롭게 사용하면 '의로운' 재물이 됩니다. 가난하고 소외된 자들을 섬기는 데 사용될 때는 하늘의 무한한 보고(寶庫)가 될 수 있습니다.

불의의 재물(세상의 재물)로 친구를 사귄다는 것은 그 재물을 사용해 가난한 이웃을 돕는다는 뜻이기도 합니다. 불의한 재물을 바르게 사용하는 길은 자기 소유를 가난한 자들에게 나누어주는 것입니다.

주님은 친구를 사귀고 그들에게 은혜를 끼치는 데 돈을 사용하라고 하십니다. 다른 사람에게 호의를 베풀고 관대함을 보이도록 돈을 사용하라는 것입니다. 어려운 사람의 빚을 탕감해주고 용서하는 일, 이웃을 섬기고 후원하는 데 돈을 사용하라는 말입니다.

주인은 청지기의 '방법'을 칭찬한 것이 아닙니다. 그가 자신이 버려진 후에 영접받을 처소를 예비하기 위해 재물을 사용한 것을 보라는 것입니다. 이 세대의 자식들도 자기 미래를 위해 물질을 사용하는데, 빛의 아들들은 더욱더 미래를 생각하고 세상의 자원을 잘 사용하며 살아야 하지 않겠느냐는 말입니다.

하나님은 그분이 허락하신 것을 우리가 돌아보고 그것들로 친구를 만들기를 바라십니다. 하나님의 나라와 의를 위해 잘 사용하라는 것입니다. 주님이 내게 맡기신 것을 허비하는 것이야말로 어리석은 일입니다.

마지막 때에 하나님은 우리에게 "너는 무엇을 하다 왔느냐?"라고 물으실 것입니다. 하나님이 어떤 분이신지를 안다면, 우리가 이 세상에서 해야 할 일도 명확해지지 않겠습니까?

## 하나님의 자비하심을 나타내고 있는가

제 또래가 그렇듯 저도 어릴 때 무협지를 참 많이 봤습니다. 무협지를 빌려주는 만화 가게 주인이 저 때문에 무협지를 새로 들여놔야 할 정도였지요. 그런데 무협지는 늘 구조가 비슷하고 내용도 대동소이합니다. 정파(正派)와 사파(邪派)가 있고, 주인공이 부모의 원수를 갚습니다.

주인공은 정파에 속하기도 하고 사파에 속하기도 하며, 계속해서 두 파의 긴장 관계가 있습니다. 정파 사람들이 "우리는 정파"라고 하는데 행동은 정의롭지 않은 경우도 많고, 주인공이 사파에 들어가 나쁜 사람에게 무술을 배웠어도 그가 하는 행동은 정의롭습니다. 결국 무술을 배워 그 무술로 사람들을 살리느냐 살리지 않느냐의 문제입니다.

우리는 세상을 자꾸 이분법적으로 봅니다. 우리는 성스러운 직업을 가졌으며 '하나님을 믿는 빛의 자녀'라고, 그리고 누군가를 향해 그들은 '세상에 속한 사람'이라고 생각하면서요.

그런데 우리가 빛의 자녀이든 그들이 세상에 속해 있든, 우리가 우리에게 주어진 것들을 사용하는 것을 보고 하나님이 기뻐하신다고 이야기할 수 있는지요? 우리가 하는 일들을 통해 하나님의 자비하심과 은혜와 구원이 나타나고 있습니까?

불의한 청지기가 행한 선한 일은 자신을 위한 자기중심적 정의였고 동기도 이기적이었겠지만, 주인이 그를 칭찬했다는 것은 그가 빛 가운데 있으면서 고상한 척하는 '의인'보다 칭찬받을 만하다는 것입니다. 하나님은 그의 이기심 가운데서 이타적인 정의를 보시고, 그가 하나님의 자비하심을 드러내는지를 보셨습니다.

여기서 하나님의 성품을 생각해보게 됩니다. 그분은 사랑과 자비의 성품 안에서 우리의 '이기적 정의'도 '이타적 정의'로 바꾸시는 분입니다. 불의한 청지기처럼 우리도 그리 선한 존재는 아닙니다.

재물을 자기를 위해 사용하되 영원한 가치에 투자하고, 누군가에게 도움이 되는 일을 하고 있다면 주인이 어떻게 생각할까요? 주인은 불의한 청지기 때문에 더 손해를 보아야 했지만, 주인의 것을 누군가에게 유익이 되도록 사용한 것을 불의하게 생각하지 않았습니다. 결국은 주인을 선하게 만드는 일에 사용했으니 말입니다.

청지기의 '행동'이 선하고 온전하다고 칭찬한 것이 아닙니다. 재물을 허비했지만 '누군가에게 도움이 되게 한 것'을 지혜롭다고 하시며 우리에게 도전하시는 것입니다.

"얘들아, 저 불의한 청지기도 그가 하는 일들을 통하여 환영받을 텐데, 빛의 자녀인 너희가 이 세상을 살아가는 동안 하늘에서 환영받는 일을 해야 하지 않겠니?"

우리는 거룩한 일을 하고 싶다는 꿈을 꿉니다. 그러나 거룩한 자라고 할지라도 맡겨진 것들을 제대로 사용하지 못하면 하나님은 그를 거룩하게 사용하실 수 없습니다. 그렇다면 이 난제를 어떻게 풀수 있을까요?

주인의 안타까움이 우리 마음속에 들어오면 문제가 다 풀립니다. 우리가 비록 완전하지 못해도 도움이 필요한 자들을 위해 애쓰는 모습을 주님은 보고 계십니다. 고고한 척 빛의 자리에서 선함을 뽐내는 것보다 불의한 세상 속에서 하나님의 마음으로 누군가를 어떻게든 유익하게 하는 것을 더 높이 평가하실 것입니다.


## 지혜로운 빛의 자녀로 살아가라

1장에서도 말했지만, 복음서에 나오는 예수님의 말씀과 비유 가운데 상당수는 돈, 경제와 관련이 있습니다. 예수님은 우리의 속성과 속마음을 너무나 잘 아시거든요.

내 안에서 이 돈 문제가 해결되지 않으면, 돈을 비롯해 하나님께서 내게 주신 것들을 어떻게 쓰는지가 분명히 해결되지 않으면 하나님의 자녀로 살아갈 수 없습니다. 이 돈, 재물에 대한 부분이 그만큼 우리에게 중요한데 예수님 당시나 오늘날이나, 택함을 받은 백성이 그렇게 지혜롭지 못한 것 같습니다.

우리가 '성 소수자'라 하는 사람들을 차별해선 안 됩니다. 저는 하나님께서 그 모든 소수자와 차별을 받는 사람들에 대해 그분의 자비하심과 구원의 가능성을 열어놓으셨다고 생각해요. 그러나 그 소수자 때문에 다수자가 차별받거나 잘못된 일들이 일어난다면 그것은 옳은 일이 아니에요.

소수자의 권리를 보호하고 차별 없는 세상을 만들어야 한다는 것이 틀린 말은 아니지만, 문제는 우리의 신앙을 표현하고 고백할 권리를 잃어버리고 살아야 하는 세상이 다가오고 있다는 것입니다.

지금 이 땅에서 불의한 자들이 불의한 재물과 힘을 가지고 불의한 일을 얼마나 많이 만들어내고 있는지 모릅니다. 그런데 그들이 그렇게 이 세상을 바꿔 놓는 동안, 빛의 자녀들은 하나님께서 이미 충분히 주신 자원, 능력, 지혜를 사용하지 못하고 얼마나 무력하고 지혜롭지 못하게 살아왔는지요! 그래서 이 비유로 주시는 가르침은 우리에게 너무나 큰 도전입니다.

예수님은 이 세대의 아들들을 대표하는 불의한 청지기의 지혜를 칭찬하시는 게 아니라 빛의 자녀인 우리에게 초점을 맞추고 질책하시려는 것입니다.

"얘들아, 너희가 이분법적으로 '이건 성스러운 영역, 저건 세속의 영역', 이렇게 나누어 놓고 고고한 척했지. 그런데 하나님께서 너희에게 주신 자원을 가지고 하나님의 자비하심을 드러내도록 그렇게 살았느냐? 하나님께서 너희에게 좋은 것을 맡겨주셨는데 그것을 잘못 쓰고 있다면 무엇을 더 맡기겠느냐?"

우리가 빛의 자녀로 어떻게 지혜롭게 살아갈 수 있을까 고민하고, 노력하고, 하나님이 기뻐하시는 것이 무엇인지를 생각해서 하나님의 자비하심을 드러내도록 살아가면 좋겠습니다.

사복음서를 보면 예수님의 말씀 중에 "믿으라"라는 말씀보다는 "따르라"라는 말씀이 훨씬 더 많습니다. 믿는 게 잘못된 것이 아니고 따르는 게 진리가 아니지만, 믿는 자에게는 믿는 자로서 마땅히 따라야 할 메시지가 있어야 합니다.

빛의 자녀가 행하는 일의 기준은 분명합니다. 가진 물질과 자원을 하나님의 선하심과 자비하심을 드러내는 데 사용하며 지혜롭게 사는 것입니다. 훗날 하나님께서 "너는 무엇을 하다가 왔느냐?"라고 물으실 때 우리가 "하나님이 제게 주신 이 작은 것에 충성하며 살았습니다"라고 말할 수 있기를 바랍니다.

# 어떻게
# 저 사람도
# 여기에 있어요?

**누가복음 16장 19-29절**

한 부자가 있어 자색 옷과 고운 베옷을 입고 날마다 호화롭게 즐기더라 그런데 나사로라 이름하는 한 거지가 헌데투성이로 그의 대문 앞에 버려진 채 그 부자의 상에서 떨어지는 것으로 배불리려 하매 심지어 개들이 와서 그 헌데를 핥더라 이에 그 거지가 죽어 천사들에게 받들려 아브라함의 품에 들어가고 부자도 죽어 장사되매 그가 음부에서 고통 중에 눈을 들어 멀리 아브라함과 그의 품에 있는 나사로를 보고 불러 이르되 아버지 아브라함이여 나를 긍휼히 여기사 나사로를 보내어 그 손가락 끝에 물을 찍어 내 혀를 서늘하게 하소서 내가 이 불꽃 가운데서 괴로워하나이다 아브라함이 이르되 얘 너는 살았을 때에 좋은 것을 받았고 나사로는 고난을 받았으니 이것을 기억하라 이제 그는 여기서 위로를 받고 너는 괴로움을 받느니라 그뿐 아니라 너희와 우리 사이에 큰 구렁텅이가 놓여 있어 여기서 너희에게 건너가고자 하되 갈 수 없고 거기서 우리에게 건너올 수도 없게 하였느니라 이르되 그러면 아버지여 구하노니 나사로를 내 아버지의 집에 보내소서 내 형제 다섯이 있으니 그들에게 증언하게 하여 그들로 이 고통받는 곳에 오지 않게 하소서 아브라함이 이르되 그들에게 모세와 선지자들이 있으니 그들에게 들을지니라

## 비유가 선포되는 맥락

이 '예수님의 비유 시리즈' 원고를 준비할 때 여러 과정을 거쳐 비유들을 깊이 있게 보면서 '예수님의 비유 가운데 정말 기가 막히게 이런 맥이 있구나!' 하고 새롭게 깨닫는 것들이 있었습니다. 평생 목회하면서도 잘 깨닫지 못했던 그 맥을 새롭게 보게 된 것 같아요.

준비 과정에서 많이 참고한 《하나님 나라의 비유》(Parables)에서 저자인 존 맥아더 목사님은 하나님나라의 관점에서 예수님의 비유 12편을 선정해 해설했는데, 그 12편뿐만 아니라 예수님의 비유가 모두 하나님나라에 대한 통찰을 가지고 말씀하는 그 맥이 느껴집니다. 그 핵심에는 하나님의 마음을 전하시려는 예수님의 마음이 있어요.

예수님의 비유를 잘 이해하기 위한 한 가지 팁을 드리겠습니다. 성경을 읽다가 예수님의 비유가 나오면 그 비유만 보지 말고 조금 앞으로 가서 그 비유를 말씀하시게 된 맥락과 이유를 살펴보세요. 그러면 이해하는 데 훨씬 더 도움이 될 겁니다.

**부자와 나사로 비유**는 우리에게 그 내용이 잘 알려져 있지요. 이 비유가 선포되는 배경을 알아보면서, 어떤 맥락에서 나왔고 예수님이 왜 이 말씀을 하셨는지를 생각해보겠습니다.

이 비유에 앞서 예수님은 '불의한 청지기 비유'(눅 16:1-8)를 말씀하신 후 하나님과 재물을 겸하여 섬길 수 없다고 선언하십니다.

> 집 하인이 두 주인을 섬길 수 없나니 혹 이를 미워하고 저를 사랑하거나 혹 이를 중히 여기고 저를 경히 여길 것임이니라 너희는 하나님과 재물을 겸하여 섬길 수 없느니라 **눅 16:13**

그 말에 바리새인들이 비웃습니다. 성경은 "바리새인들은 돈을 좋아하는 자들"(눅 16:14)이라고 말씀합니다. 돈을 좋아하는 자들에게 예수님의 비유가 와닿지 않았던 거예요.

그런 그들에게 예수님은 "너희는 사람 앞에서 스스로 옳다 하는 자들이나 너희 마음을 하나님께서 아시나니 사람 중에 높임을 받는 그것은 하나님 앞에 미움을 받는 것이니라"(눅 16:15)라고 말씀하십니다.

바리새인들이 그 말씀에 마음이 굉장히 불편했을 것 같습니다. 그들은 율법을 잘 지키는 것으로 사람들에게 존경받기를 원했고, 자기가 악을 행하지 않고 율법을 행하고 있다고 스스로 믿고 있었으니까요. 그러나 예수님은 하나님이 그들을 미워하신다고 하십니다. 하나님은 율법을 지키는 종교적 행위가 아니라 율법을 지키는 마음에 관심을 두시기 때문입니다.

그 말씀 후에 부자와 나사로 비유가 시작되는데, 이 비유뿐 아니라 많은 비유가 매번 상당히 비슷한 배경에서 나옵니다. 바리새인과 율법학자와 제사장들이 주장하는 그들의 율법이 얼마나 잘못되었는지를 깨우치기 위해서 그 율법을 말씀하시고, 그 율법의 핵심에 들어 있는 하나님의 마음을 가르쳐주시려고 비유로 이야기해주시는 것입니다.

## 부자는 왜 거지를 돌보지 않았을까?

한 부자가 있어 자색 옷과 고운 베옷을 입고 날마다 호화롭게 즐기더라
눅 16:19

당시에 제사장 그룹이나 귀족만이 입을 수 있었던 자색 옷과 고운 베옷을 입고, 매일 잔치를 베풀었다는 것으로 보아 이 부자가 많은 재산과 영향력을 가졌다는 것을 알 수 있습니다. 그런 그가 지옥에 가서 아브라함을 부릅니다.

불러 이르되 아버지 아브라함이여 나를 긍휼히 여기사 나사로를 보내어

그 손가락 끝에 물을 찍어 내 혀를 서늘하게 하소서 내가 이 불꽃 가운데서 괴로워하나이다 아브라함이 이르되 얘 너는 살았을 때에 좋은 것을 받았고 나사로는 고난을 받았으니 이것을 기억하라 이제 그는 여기서 위로를 받고 너는 괴로움을 받느니라 눅 16:24,25

중요한 사실이 하나 보입니다. 지옥에 간 이 부자가 아브라함을 아버지라고 부르고 있고, 아브라함도 이 부자를 "얘", 즉 아들(헬, 테크논)이라고 부릅니다.

유대인에게 아브라함은 그들의 조상이고, 자기들은 아브라함의 후손이요 '선민'(선택받은 민족)이니 당연히 천국에 갈 것으로 생각하고 있었습니다. 그러니 지금 이 비유를 듣는 사람들에게 이 부자는 마땅히 천국에 있어야 하는 사람인데 지옥에 있다는 건 굉장히 충격적인 얘기일 수밖에 없습니다.

이 부자가 나쁜 짓을 했다는 말도 없습니다. 그는 선민의식을 가진 유대인이라 율법을 철저히 지키는 사람입니다. 그런데 율법을 지킨다고 생각하는 이 부자가 왜 자기 문 앞에 있는 거지에게 왜 그렇게 무관심하고, 그를 돌보지 않았을까요?

그런데 나사로라 이름하는 한 거지가 헌데투성이로 그의 대문 앞에 버려진 채 그 부자의 상에서 떨어지는 것으로 배불리려 하매 심지어 개들이 와서 그 헌데를 핥더라 눅 16:20,21

이 사람은 병이 있었습니다. 성경에서 이렇게 몸이 헐어서 고름이 나는 사람은 어떤 병을 가진 사람일까요? 나병이에요. 나병에 걸리면 피부가 다 상하고 고름이 납니다.

유대인들은 율법적으로 나병에 걸린 사람은 저주를 받은 사람이라서 돌보지 않아도 된다고 여겼습니다. 부자는 거지 나사로가 거지라서가 아니라 나병을 앓고 있기 때문에, 그의 상태를 하나님의 저주를 받은 증거로 받아들였기 때문에 그의 기준에서 '내가 돌보지 않아도 되는 사람'으로 여긴 것입니다.

'저 사람은 고통을 받아도 되고 그게 마땅하다'라고 생각하면 아무것도 하지 않을 수 있는 정당성이 부여됩니다. 부자는 율법을 잘 지킨다고 했지만, 그가 생각하는 율법의 정당성은 그 거지를 돌보지 않아도 될 분명한 이유를 제공해주었습니다.

## 하나님의 마음을 가리는 율법

바리새인과 율법학자들이 그렇게 집착하는 율법의 조항과 해석들이 사실은 '하나님의 공의와 타인에 대한 존중'이라는 핵심적인 의미에서 벗어나 있었습니다.

문제는 이것입니다. 율법은 단순히 외양의 문제를 다루고 있지만, 하나님은 그 율법을 다루고 있는 사람들의 마음을 보고 계신다는 것입니다. 하나님은 그들이 지키는 종교적 행위가 아니라, 그러한 행동을 하는 그들의 마음이 어떠한지를 알고 계셨습니다.

중요한 것은 하나님의 마음입니다. 그래서 가장 무서운 것은 우리가 우리의 선을 긋고 우리의 율법을 정해놓고 스스로 정당성을 부여하는 것입니다. 우리가 정당성을 부여하는 이 율법이라는 것 때문에 하나님의 마음이 보이지 않기 때문이죠.

예수님은 이 땅에 오셔서 이 바리새인과 율법학자들에게 버림받고 외면당한 자들을 찾아가 병을 고쳐주시고 그들에게 복음을 전하셨습니다. 그리고 이 비유를 통해서도 율법 문제가 아니라 하나님은 어떻게 생각하실지, 하나님이 우리에게 무엇을 이야기하려 하시는지를 보게 하십니다.

부자가 율법의 정당성을 따라 나병 걸린 나사로를 돕지 않은 것처럼 우리가 마땅히 고통받아도 된다고 생각하는 사람들을 외면할 때, 하나님이 어떻게 생각하실지를 살펴보라고 말씀하시는 것이 아닐까요?

앞서 '선한 사마리아인의 비유'에서도 말했지만, 제사장과 레위인이 강도 만난 자를 지나친 이유는 찾을 것이 없습니다. 그들에게 마음이 없었을 뿐입니다. 사마리아인이 강도 만난 자를 도울 수 있었던 것은 어떤 직업의 문제가 아니라 불쌍히 여기는 마음, 딱 그 하나였어요.

예수님은 계속해서 우리의 마음이 어떤 것인지 우리에게 물으시고 하나님 앞에서 정직하게 자기 모습을 돌아보게 하십니다. 그 모습이 신앙입니다. 우리가 무엇을 지키고 있습니까? 그것은 율법의 문제가 아니라 우리 마음의 문제입니다.

평생을 목회하고 은퇴한 목사님이 후배에게 "나는 목회에 실패했어. 평생 하나님만 바라보면 되는 줄 알고 그렇게 하나님만 바라보며 달려왔지"라고 하시더랍니다. 후배 목사님은 의아했습니다.

"목회는 하나님만 바라보면 되는 게 아닌가요?"

"사람을 봐야지. 하나님이 사랑하시는 사람을 봐야지. 하나님이 나를 목사로 만든 것은 양을 돌보라고 하신 건데 나는 하나님만 바라보면 되는 줄 알았어. 그래서 하나님이 사랑하시는 양을 보지 못했어."

하나님을 사랑한다는 말이 정작 하나님이 사랑하라고 맡겨주신 사람들을 사랑하지 않는 핑계가 될 수 있다는 것, 참 귀한 깨달음의 말씀이라는 생각이 들었습니다. 하나님이 사랑하시는 사람들이 눈에 들어와야 비로소 하나님의 마음이 뭔지 제대로 알 수 있을 것입니다. 우리가 끊임없이 고민해야 할 부분, 바로 하나님의 마음일 것입니다.

## 두 종류의 사람

부자와 나사로 비유는 두 부류의 인간형을 대비해 하나님나라의 비밀을 말씀합니다.

첫 번째는 부유하지만 방탕한 사람입니다. 이 부자가 "날마다 호화롭게" 즐겼다고 하니, 어쩌면 날마다 잔치를 벌이면서 안식일을 지키지 않고 하나님과의 관계에도 별로 관심이 없었는지도 모릅니다.

두 번째는 가난하지만 경건한 사람입니다. 이 거지가 하늘나라에 갈 수 있는 이유는 무엇일까요? 사실 성경에는 부자가 악을 행했다는 증거도 없고 이 가난한 사람이 경건했다는 표현도 나타나지 않습니다. 그런데 그 거지가 죽었을 때 천사들에게 받들려 하늘나라에 갔다고 한 것으로 보아 그는 그 가난한 가운데 경건한 삶을 살았던 것 같습니다.

> 이에 그 거지가 죽어 천사들에게 받들려 아브라함의 품에 들어가고 부자도 죽어 장사되매 눅 16:22

이것이 "부자는 다 지옥에 가고 가난한 거지는 다 천국에 간다"라고 일반화하는 것은 아닙니다. 그러나 이 비유가 개연성을 염두에 두었을 수는 있습니다.

'내가 좋은 것을 누리며 가난한 사람을 외면하고 살아간다'라고 생각한다면 '내가 지옥에 갈 수 있는 개연성이 있다'라고 생각하며 읽고, '내가 정말 지지리도 가난하게 산다'라고 생각한다면 '나는 부자보다 천국에 갈 가능성이 훨씬 더 크다'라는 개연성을 가지고 이 말씀을 읽어보길 바랍니다.

예수님은 "낙타가 바늘귀로 들어가는 것이 부자가 하나님의 나라에 들어가는 것보다 쉬우니라"(마 19:24)라고 하셨습니다. 여러 성서학자가 이 비유를 완곡하게 해석하려고 시도했으나 예수님이 뜻하시는 바는 분명합니다. 부자가 천국에 들어가는 것이 어렵다는 것입니다. 그 이유가 뭘까요?

부자는 교만하기 쉽습니다. 부족함이 없으니 하나님의 은혜가 필요하지 않은 사람이 될 수도 있고, 하나님을 의지하지 못할 때가 많이 있어요. 그러니 경건하지 못한 삶을 살 확률이 높습니다.

그러나 가난한 사람은 경건할 확률이 그보다 훨씬 높습니다. 인생 한가운데서 하나님을 찾아야 할 때가 많기 때문입니다. 고통스러운 질병이나 궁핍으로 아무것도 할 수 없는 무기력함을 느낄 때 하나님을 바라볼 수밖에 없고, 그때 하나님을 의지하면서 경건해지지요.

군필 남자분들, 군대에서 얼마나 믿음이 좋았습니까. 그런데 군 생활 마치고 제대하고 나면 옛날로 다시 돌아가요. 고3 수험생을 둔 엄마들이 얼마나 열심히 기도하는지요. 그런데 입시 끝나고 나면 그 믿음이 다 어디 갔는지 몰라요.

그러고 보면 우리 인생에 고생스러운 때가 하나님 앞에 가장 경건할 수 있는 시간인 것 같습니다. 재정, 건강, 관계 등 어떤 문제로든 우리가 갈급하고 가난할 때 경건할 확률이 훨씬 높다는 것을 부인할 수 없습니다.

진짜 축복은 모든 것이 잘되고 내 마음대로 할 수 있고 내가 뭔가를 가진 게 아니라 "내 삶에 하나님의 도우심이 필요합니다"라고 고백할 수 있는 것입니다. 부유해서 내 삶이 잘되는 게 결코 아니며, 가난이 문제가 되는 것도 아닙니다. 내가 하나님을 바라보며 주님을 의지하며 살아갈 수 있느냐, 그것이 가장 중요합니다.

## 악을 행함 vs 선을 행하지 않음

이르되 그러면 아버지여 구하노니 나사로를 내 아버지의 집에 보내소서 내 형제 다섯이 있으니 그들에게 증언하게 하여 그들로 이 고통받는 곳에 오지 않게 하소서 눅 16:27,28

이 부자가 지옥에 가서 그의 삶에 느껴지는 진심이 있어요. 자기는 죽어서 지옥에 왔지만, 가족만큼은 지옥에 오지 않기를 바라는 마음입니다. 그래서 죽은 나사로가 그들에게 나타나 이야기하면 들을 것이라고 생각해 아브라함에게 부탁합니다.

"증언하게 하여"를 영어성경(NIV)에서는 'warn'(경고하다)으로 번역했습니다. 지옥이 얼마나 고통스러운지, 그리고 이 지옥에서 고통을 받는 이유가 선지자들과 율법을 지키지 않았기 때문이라는 것을 경고하려는 것이지요.

부자는 자신이 지금 지옥에 있는 이유를 알고 있습니다. 자기는 율법을 다 지키며 살았고 악을 행하지 않았으니 천국에 들어갈 자격이 있다고 생각했는데 지옥에 와 있는 걸 보니 '내가 잘못 살았구나. 하나님의 마음을 알지 못하고 지켰던 이 율법이 잘못된 것이구나' 깨닫게 된 것입니다.

하늘나라의 법은 우리가 생각하는 인간의 법과 다릅니다. 이 비유에는 부자가 특별히 악행을 행한 것도, 가난한 자가 선을 행한 것도 나와 있지 않지만, 선지자의 말씀과 율법을 보면 부자가 가난한 자를 돌보지 않은 것이 '악'입니다.

이 부자의 악은 어떤 악한 일을 행한 것이 아니라 가난한 자를 돌보지 않은 것이었어요. 가난한 자는 마땅히 '돌봄'을 받아야 합니다. 예수님은 하나님의 통치 기준으로, "너희가 악한 것은 악한 일을 했기 때문이 아니라 너희가 돌봐야 할 사람을 돌보지 않은 것"이라고 말씀하시는 것입니다. 그 증거가 하나님께서 이스라엘 백성에게 주신 율법에 나와 있습니다.

네 하나님 여호와께서 네게 주신 땅 어느 성읍에서든지 가난한 형제가 너와 함께 거주하거든 그 가난한 형제에게 네 마음을 완악하게 하지 말며 네 손을 움켜쥐지 말고 반드시 네 손을 그에게 펴서 그에게 필요한 대로 쓸 것을 넉넉히 꾸어주라 신 15:7,8

"가난한 형제가 너와 함께 거주하거든"은 "네가 살아가는 삶의 반경에 가난한 자가 있거든"이라는 뜻입니다. 그 부자가 살아가는 삶의 반경 안에 이 가난한 자 나사로가 있었습니다. 부자는 자기 집 문 앞에 있는, 그가 거주하는 반경 안에 있는 거지를 돌보지 않음으로써 율법을 지키지 않았던 것입니다.

> 삼가 너는 마음에 악한 생각을 품지 말라 … 네 궁핍한 형제를 악한 눈으로 바라보며 아무것도 주지 아니하면 그가 너를 여호와께 호소하리니 그것이 네게 죄가 되리라 신 15:9

우리가 사는 세상에서 가난한 자가 고통을 호소하고 있는데, 그것을 외면하면 죄가 된다는 말입니다. 악한 일을 행한 것만이 죄가 아니라, 마땅히 해야 할 일을 하지 않는 것 역시 죄입니다. 하나님은 우리에게 세상 사람들의 윤리와는 아주 다른 기준을 적용하십니다. 우리의 악함에 대해 책임을 묻는 게 아니라, 삶의 반경 안에 있는 사람들을 돌보는지 돌보지 않는지, 그렇듯 우리가 실제적으로 어떻게 살아가고 있는지를 물으시겠다는 것입니다.

## 나사로, 버림 아닌 도움을 받은 자

그런데 아브라함은 나사로를 보내달라는 부탁을 거절합니다. 그들에게는 이미 선지자들의 이야기, 즉 율법이 주어져 있고, 죽은 나사로가 '짠!' 하고 나타나도 소용없다는 것입니다.

··· 그들에게 모세와 선지자들이 있으니 그들에게 들을지니라 **눅 16:29**

사람들은 죽은 자가 살아서 와서 증거해도 그렇게 쉽게 믿지 않습니다. 죽은 자가 살아나거나 내세를 보고 왔다는 신앙 간증 역시 모든 사람을 변화시키지 않습니다. 오히려 믿음을 박해하는 계기가 되기도 합니다.

요한복음 11장에서 예수님이 죽은 나사로를 살리셨지만, 그것을 본 사람들이 다 예수님을 믿은 게 아닙니다. 그 일을 본 많은 유대인이 예수님을 믿었으나(요 11:45) 유대 종교지도자들은 이 일로 인하여 예수를 죽이려고 모의합니다(요 11:53). 죽은 자가 살아와도 믿지 않고 더욱 강퍅해질 수 있습니다.

기적이 만능이 아닙니다. 진짜 중요한 것은 어떤 기적이 일어나는 것이 아닙니다. 우리에게 주어진 하나님의 말씀, 이미 주어진 말씀을 믿으면 되는 것입니다.

그런데 나사로라 이름하는 한 거지가 헌데투성이로 그의 대문 앞에 버려진 채 **눅 16:20**

한 가지 중요한 사실이 있습니다. 예수님의 비유들 가운데 실명으로 나오는 사람이 딱 한 명 있는데 그가 바로 이 거지 나사로입니다. 공교롭게도 예수님이 살리신 그 나사로와 이름이 같습니다. 이게 우연일까요? 예수님이 어떤 의도를 가지고 이 나사로라는 이름을 사용하신 것은 아닐까요?

'나사로'라는 이름의 뜻은 '하나님이 돕는 자'입니다. 그런데 비유 속의 거지 나사로는 하나님의 도우심을 전혀 받지 못하고 사는 사람 같습니다. 아니, 오히려 고단하고 힘든 인생, 하나님께서 버리신 것 같은 인생이었습니다.

그런데 죽어서 보니, 나사로가 버려진 사람이 아니었습니다. 평생을 거지로 가난하게 살았을지언정 경건하게 살아간 그를 하나님은 기억하고 붙들어주셔서 천국으로 인도하셨습니다.

인생이 고단하고 지칠 때, 누구도 나를 돕는 것 같지 않을 때, 우리도 '내 인생은 버려진 것 같아'라고 생각합니다. 그런데 하나님께서 버리지 않으셨다는 것입니다. 때로 하나님께서 구원하시는 역사가 우리의 눈에 보이지 않을 때도 있습니다.

오늘 당신의 인생이 나사로와 같다면 하나님의 도우심을 고백할 수 있을까요? 질병으로 고통받고 재정의 어려움 속에 아무도 나를 돕지 않는 고통의 순간에도 하나님의 도우심을 고백할 수 있을까요? 그러나 그런 때라도 '하나님이 나를 포기하지 않고 축복하신다'라는 믿음을 잃지 않았으면 좋겠습니다.

## 저 사람이 천국에?

나사로의 인생을 다 알 수도 설명할 수도 없지만, 그는 하나님의 위로만을 바라고 살았을 것 같습니다. 가난해서 오직 하나님을 의지할 수밖에 없었고 그래서 하나님과의 관계 속에서 살았을 것 같습니다. 그러고 보니, 나사로의 삶이 우리에게 천국에 들어가는 조건을 말해주는 것 같습니다.

'하나님을 의지하며 사는 인생!'

이 비유를 듣고 있던 사람들에게 부자가 지옥에 간 것보다 정작 더 놀라운 것은 가난한 거지가 천국에 갔다는 점입니다. '나는 율법을 지킨다고 생각했는데 실은 제대로 율법을 지키지 못해서 지옥에 간다'? 있을 수 있다고 받아들여집니다. 그런데 나병에 걸린 거지가 천국에 간 것은 정말 이해가 안 되는 일이었습니다.

유대인이 가진 율법적 기준에서 보면 나병에 걸린 사람은 저주받은 사람, 하나님께 버림받은 사람이라 절대로 천국에 들어갈 수 없는데 그런 사람이 천국에 가 있다니요!

우리로 치자면, 내 기준에서 '저 사람은 절대로 천국에 갈 수 없어'라고 생각했던 사람이 천국에 있는 것입니다. 좀 극단적으로 이야기한다면, 매일 술 마시고 노름하고 교회는 문턱도 드나들지 않던 사람이 천국에 있다는 것이죠.

이런 이야기를 들어본 적이 있나요? 어떤 성도가 천국에 갔더니 예수님이 "왔니?" 하며 반갑게 인사해주시고, 천국에 온 다른 성도들에게도 인사해주셨답니다. 거기까지는 좋았는데, 어느 날 목사님이 천국에 오자 예수님이 보좌에서 내려가 막 안아주면서 "잘 왔다!" 하고 격하게 환영해주시더랍니다.

이것을 본 그 성도가 기분이 나빠서 "아니, 예수님. 제가 세상에 살 때도 목사님은 특별 대우를 받았는데 천국에서도 이렇게 차별하시는 겁니까?" 하고 불평했더니, 예수님이 "목사가 하도 오랜만에 와서 그랬단다"라고 하셨다는군요. 목사로서 저는 그 말에 전적으로 공감합니다. 목사라서 천국에 가는 것이 아닙니다.

우리 마음에도 내 기준에 의하면 '예수 잘 믿고 착하고 천국 갈 사람'과 '절대 천국에 못 갈 인간'이 있습니다. 어쩌면 자기 자신에 대해서도 '그래도 나는 천국 가겠지' 생각하는 사람도 많을 것입니다.

그런데 천국에 들어가 보면 내 생각과 정말 다른 일들, 내 생각을 뛰어넘는 놀라운 일들이 펼쳐질지도 모릅니다. 우리가 흔히 말하는 '기준', 그 판단이 다 맞는 것은 아닙니다.

예수님은 천국에 들어가는 자격 조건이 우리가 생각하는 것과는 다르다는 것을 말씀하고 싶으셨던 게 아닐까요? '천국에 가느냐 지옥에 가느냐'는 내 기준이나 자격, 나의 정당성에 관한 문제가 아니며 내 생각과 관념이 아니라 하나님의 마음에서 이루어지고 있다고 말입니다.

내가 절대 아니라고 생각하는 그 사람이 천국에 갈 수 있다는 것을 기억하십시오. 그리고 내가 바로 그런 사람이라고 인생을 비하하거나 포기하지도 말아야 합니다. 하나님이 나사로를 기억하셨던 것처럼 우리를 기억하실 것이기 때문입니다.

## 천국 백성의 생활방식

2023년 1월 26일자 '이런 마음 때문인가… 美 부자들 자산 줄어도 기부 더 많이 했다'라는 제목의 매일경제신문 기사에 따르면, 미국 부자들은 주가가 폭락하면 오히려 가난한 사람을 돕는 기부금 액수가 늘어난다고 합니다. 참 놀랍죠.

미국 사회에 여러 문제가 있지만, 미국은 크리스천 문화권에 있고 어려운 사람을 돕는다든지 기부하는 것을 참 잘하는 나라입니다. 기부가 생활화된 사람들은 어려울 때 어려운 사람들도 생각합니다. 그래서 주가가 폭락하면 자기가 돈 잃은 것을 생각하기보다 이렇게 경제가 어려운 시기에 가난한 사람들은 얼마나 힘들까 생각해서 더 많이 기부하게 된다는 거예요. 참 도전이 됩니다.

하나님을 믿는 우리도 복음으로 말씀으로 살아가는 것이 우리 삶에 아주 익숙해져 체질화되고 삶의 패턴이 되어야 하지 않겠습니까? 우리가 착하게 살려는 목적으로 예수를 믿고 신앙생활을 하는 것은 아니지만, 진짜 예수를 잘 믿는 사람이라면 착할 수밖에 없습니다. 하나님의 말씀대로, 율법에 근거한 하나님의 마음으로 살아가기 때문이죠.

크리스천 자매들은 좋은 '교회 오빠' 만나기를 꿈꾸는데 교회 오빠가 그렇게 많지 않죠. 그런데 어떤 교회 오빠가 제게 이런 고민을 털어놓더군요. 이 청년도 크리스천 자매를 만나고 싶어서 어머니나 지인에게 소개를 받았고 지금 만나고 있는데 어쩌면 그렇게 이기적이고 세속적인지 모르겠다는 겁니다.

우리는 하나님을 믿고, 하나님을 믿는 사람을 만나기를 원합니다. 하지만 내가 지극히 이기적이고 세속적이라면 나는 크리스천의 삶의 방식을 살아가는 사람이 아닌 거예요.

부자의 태도에서 한 가지 짚어볼 것이 있습니다.

불러 이르되 아버지 아브라함이여 나를 긍휼히 여기사 나사로를 보내어 그 손가락 끝에 물을 찍어 내 혀를 서늘하게 하소서 내가 이 불꽃 가운데서 괴로워하나이다 ··· 이르되 그러면 아버지여 구하노니 나사로를 내 아버지의 집에 보내소서 눅 16:24,27

이 부자는 지옥에 가서도 부자 마인드로 살고 있습니다. 나사로를 시켜 손가락에 물을 찍어다가 내 혀에 발라주게 해달라 하고, 형제들에게 나사로를 보내달라고 합니다. 그는 평생을 그렇게 시키면서 살았고, 지옥에 가서도 그가 가지고 있던 삶의 방식을 포기하지 못합니다.

천국에 들어간다는 것은 우리가 죽어서 그 나라에 가는 것만이 아니고, 이 땅에서 하나님의 다스림 가운데 하나님나라의 방식으로 살아가는 것을 포함합니다. 천국이 우리에게 천국 되기 위해서는 우리가 천국의 방식으로 살아가야 합니다.

하나님나라의 통치 방식에 동의하지 않고 그 나라의 다스림을 받지 않는 사람이 죽어서 천국에 간다면 그 천국이 즐거울까요? 이 땅에서 하늘나라의 삶을 사는 것이 축복이라고 생각하지 않는 사람이라면 죽어서 하늘나라에 간들 그게 행복할까요? 그런 사람이 천국에 갈 수는 있을까요?

천국의 방식, 즉 하나님나라의 통치 방식에 동의하는 사람이 그 삶의 방식으로 살아갈 때 천국이 그에게 기쁘고 감사한 것이 되지 않겠습니까?

당신은 일상 가운데서 하나님나라의 삶의 방식으로 살아가고 있습니까? 이 세상에서 천국 백성의 마인드로, 하늘나라의 생활방식으로 살아가야 합니다. 그렇다면 어떻게 살아가야 할까요? 깊이 생각하고 바꾸어갈 것을 당신에게 도전합니다.

# 얼마나 남겼나를 묻는 게 아니라고요?

누가복음 19장 12-17, 20-22, 27절

이르시되 어떤 귀인이 왕위를 받아가지고 오려고 먼 나라로 갈 때에 그 종 열을 불러 은화 열 므나를 주며 이르되 내가 돌아올 때까지 장사하라 하니라 그런데 그 백성이 그를 미워하여 사자를 뒤로 보내어 이르되 우리는 이 사람이 우리의 왕 됨을 원하지 아니하나이다 하였더라 귀인이 왕위를 받아가지고 돌아와서 은화를 준 종들이 각각 어떻게 장사하였는지를 알고자 하여 그들을 부르니 그 첫째가 나아와 이르되 주인이여 당신의 한 므나로 열 므나를 남겼나이다 주인이 이르되 잘하였다 착한 종이여 네가 지극히 작은 것에 충성하였으니 열 고을 권세를 차지하라 하고 또 한 사람이 와서 이르되 주인이여 보소서 당신의 한 므나가 여기 있나이다 내가 수건으로 싸 두었었나이다 이는 당신이 엄한 사람인 것을 내가 무서워함이라 당신은 두지 않은 것을 취하고 심지 않은 것을 거두나이다 주인이 이르되 악한 종아 내가 네 말로 너를 심판하노니 너는 내가 두지 않은 것을 취하고 심지 않은 것을 거두는 엄한 사람인 줄로 알았느냐 그리고 내가 왕 됨을 원하지 아니하던 저 원수들을 이리로 끌어다가 내 앞에서 죽이라 하였느니라

## 성과가 아닌 성실

우리는 신앙생활을 하면서 많은 오류를 범하는데 그중 하나가 '얼마만큼 이루었는가?'라는 '성과주의'입니다. 언제부터인가 이 성과주의가 우리 삶을 지배하기 시작했는데, 교회마저도 교인 수며 예산 규모가 증가하는 성과주의에 집착하는 경우가 많아졌습니다.

그러나 예수님은 우리에게 성과가 아니라 우리 삶의 성실성을 물으십니다. 이번 장에서 다룰 열 므나 비유도 주님은 우리의 성실성을 물으신다는 것에 그 초점이 있습니다.

이 비유는 돈에 관한 이야기지만 종들이 장사해서 얼마를 남겼냐는 자본주의적인 관점으로 보면 이해할 수 없습니다. 신앙적 관점에서 종들이 얼마나 충성했는지를 확인하는 비유이기 때문입니다.

주인이 열 므나, 다섯 므나를 남긴 종에게 호의호식하도록 물질적 보상을 주는 대신 큰 책임을 맡겨줍니다. 그것은 주인의 관심이 "내가 너희에게 얼마를 맡겼으니 얼마를 남겨야 한다"라는 자본주의적 성과주의에 있지 않다는 것을 분명히 말해줍니다.

그러니 종들이 무슨 장사를 했기에 열 므나를 남기고 다섯 므나를 남겼느냐고 궁금해하는 '자본주의적 프레임'으로 이 비유를 이해하려 하지 않기를 바랍니다.

## 달란트 비유 vs 열 므나 비유

어쩌면 당신은 지금까지 이 열 므나 비유를 많이 들어보지 못했을 수 있습니다. 이 비유가 우리에게 잘 알려진 달란트 비유(마태복음 25장)와 상당히 비슷해서 달란트 비유의 아류 정도로 여겨졌고, 그래서 목회자들도 이 본문으로 설교하는 경우가 드뭅니다.

하지만 조금만 잘 살펴보면 이 두 개의 비유는 상당히 다른 것을 알 수 있습니다. 먼저 두 비유를 비교하여 차이점을 알아보고, 그 비교를 통해 예수님이 우리에게 말씀하시는 바는 무엇인지 생각해봅시다.

### 1. 주인

두 비유에 똑같이 '주인'이 나오는데 달란트 비유는 타국으로 떠나며 종들에게 자기 소유를 맡긴 사람의 이야기이며, 므나 비유는 왕위를 받아오기 위해 먼 나라로 떠나는 귀인의 이야기입니다. 므나 비유에는 그 주인이 왕으로 추대되는 것을 원치 않는 백성들의 이야기가 추가되어 있습니다.

|  | 달란트 비유<br>(마태복음 25:14-30) | 므나 비유<br>(누가복음 19:11-27) |
|---|---|---|
| 주인 | 타국으로 떠나며<br>소유를 종들에게 맡긴 주인 | 왕위를 받아오려고<br>먼 나라로 떠난 주인 |
| 종들<br>배분 방식 | 3명의 종에게<br>각각 5개 / 2개 / 1개 | 10명의 종 모두에게 1개씩 |
| 화폐 가치 | 1달란트 = 6,000데나리온<br>(당시 180개월 치 급여) | 1므나 = 100데나리온<br>(당시 3개월 치 급여) |
| 때와 장소 | 예루살렘 입성 후<br>성전에서 나와서 가실 때 | 예루살렘에 들어가시기<br>1주일 전 삭개오의 집 |
| 시간적 의미 | 종말 | 종말이 이르기 전<br>남겨진 시간 |
| 해석 | 하나님이 주신 달란트를<br>잘 활용하라 | 하나님이 맡겨주신 사명을<br>신실하게 감당하라 |

## 2. 배분 방식

달란트 비유에서는 세 종에게 각각 다섯 달란트, 두 달란트, 한 달란트를 나눠주지만, 므나 비유에서는 "종 열을 불러 은화 열 므나를 주며"(눅 19:13)라고 한 것으로 보아 모두에게 똑같이 한 므나씩 맡겼다고 추론할 수 있습니다.

### 3. 화폐 가치

달란트 비유와 므나 비유는 화폐의 단위에도 큰 차이가 있습니다. 한 므나는 한 달란트의 60분의 1 정도의 가치를 가지고 있기에 단위 자체가 다른 비유입니다.

한 달란트는 6천 데나리온으로, 그 당시 한 사람의 180개월 치 급여였습니다. 오늘날의 가치로 환산하면 15억 정도에 해당하는 액수입니다. 한 므나는 한 사람의 3개월 치 급여에 해당하며 요즘 돈으로는 1,500만 원 정도입니다.

### 4. 비유를 말씀하신 때와 장소

두 비유의 가장 큰 차이는 예수님이 비유를 말씀하신 시기와 장소가 다르다는 것입니다. 달란트 비유는 예수님이 예루살렘 입성 후에 십자가를 앞두고 말씀하셨고, 므나 비유는 그 예루살렘 입성 1주일 전에 말씀하셨습니다.

비유를 말씀하신 장소도 주의 깊게 봐야 하는데 달란트 비유는 예수님이 성전에서 나와서 가실 때에 말씀하셨고, 므나 비유는 예수님이 삭개오의 집에서 말씀하셨습니다.

### 5. 비유의 시간적 의미

달란트 비유는 종말의 시간을 의미하며 므나 비유는 종말이 이르기 전 우리에게 남겨진 시간을 의미합니다. 므나 비유에 앞서 예수님은 삭개오에게 "오늘 구원이 이 집에 이르렀다"라고 말씀하셨습니다. 당시 많은 사람이 구원이 이르렀다는 말에 '이제 우리에게 마지막이 가까워졌어. 메시아가 오실 거야'라고 생각하며 언제 구원이 이를지 궁금해했습니다.

예수님은 므나 비유를 통해 "내가 다시 와서 너희가 얼마나 남겼는지를 볼 거야. 그러니 종말을 생각하지 말고, 그날이 이르기 전에 너희에게 주어진 시간을 잘 살아라" 하고 말씀하시는 것입니다.

### 6. 비유의 해석과 메시지

달란트 비유는 자기에게 주어진 달란트를 잘 활용하면 하나님께서 상급을 주신다는 뜻으로 해석됩니다. 그런데 므나 비유도 이렇게 해석하면 중요한 메시지를 놓치게 됩니다. 이 구절을 유심히 보아야 므나 비유를 제대로 이해할 수 있습니다.

> 그들이 이 말씀을 듣고 있을 때에 비유를 더하여 말씀하시니 이는 자기가 예루살렘에 가까이 오셨고 그들은 하나님의 나라가 당장에 나타날 줄로 생각함이더라 눅 19:11

"이 말씀을 듣고 있을 때"는 삭개오에게 예수님이 "오늘 네 집에 구원이 이르렀다"라고 하시는 것을 사람들이 듣고 있을 때를 가리킵니다. 그러므로 삭개오의 집에서 그 말을 들은 사람들은 자기에게 지금 당장 구원이 이르러 세상이 바뀔 것으로 생각했을 개연성이 충분합니다.

예수님이 공생애 전반기에 많은 기적을 행하셨으므로 사람들은 여전히 많은 기적을 기대하면서 예수님의 진의를 오해할 수 있었습니다. 게다가 그들 중에는 예수님이 메시아가 되는 것을 원치 않고 구원의 사역을 방해하는 사람도 있었습니다.

그래서 예수님은 므나 비유를 통해 "아무리 방해하는 사람이 있어도 나는 메시아로 올 것이니, 누가 방해를 하든, 므나를 받은 종들은 제 할 일을 하라"라고 말씀하신 것입니다.

## 므나를 맡기신 이유

이르시되 어떤 귀인이 왕위를 받아가지고 오려고 먼 나라로 갈 때에 그 종 열을 불러 은화 열 므나를 주며 이르되 내가 돌아올 때까지 장사하라 하니라 **눅 19:12,13**

여기서 중요한 것은 이 '므나를 주고 있는 상황'입니다. 주인인 '어떤 귀인'(man of noble)은 왕위를 계승할 자격을 가진 왕족입니다. 그가 이 땅을 지배할 왕권을 받기 위해 먼 곳으로 가면서 종들을 불러 므나를 맡기고 있습니다.

> 그런데 그 백성이 그를 미워하여 사자를 뒤로 보내어 이르되 우리는 이 사람이 우리의 왕 됨을 원하지 아니하나이다 하였더라 **눅 19:14**

그런데 그 나라의 상황이 녹록지 않습니다. 백성들이 그가 왕이 되는 것을 싫어해서 임명권을 가진 더 큰 왕에게 사람을 보낸 것입니다. 영어성경(NIV)을 보면 그 백성은 귀인을 단순히 싫어하는 정도가 아니라 '그를 미워하여'(hated him) 왕권을 부정하는 상황입니다.

주인은 이렇게 많은 사람이 주인의 통치를 거부하고 미워하는 상황에서 종들에게 므나를 맡긴 것입니다. 종들이 주인에게 받은 므나로 장사한다는 것은 어떤 의미일까요?

그들이 장사할 때, 귀인을 미워하는 백성이 그 종들도 핍박하지 않았을까요? 게다가 이 귀인이 왕으로 추대되는 것을 싫어하는 백성이 사자를 보내어 다른 왕을 요청했으니 어쩌면 다른 왕이 올 수도 있는 불확실한 상황입니다.

충성된 종은 그런 중에도 위험을 무릅쓰고 성실하게 장사했을 것이고, 주인이 왕으로 임명될 것을 믿지 않는 종은 섣불리 사업을 시작하기보다는 가만히 기회를 엿보았을 것입니다. 그것을 통해 주인은 누가 충성했는지를 알 수 있었겠지요.

이 비유에서 보여주듯, 하나님께서 독생자 예수 그리스도를 메시아로 세상에 보내주셨지만 이 땅에 속한 사람들은 예수님의 왕 되심을 거부하고 미워해서 죽이려고 했습니다. 이 시대의 세상 사람들도 주님을 왕으로 받아들이지 않고, 예수님을 믿고 그분을 구주로 고백하는 우리를 미워합니다. 하지만 주님은 그럴지라도 주인에게 충성하라고 말씀하십니다.

> 귀인이 왕위를 받아가지고 돌아와서 은화를 준 종들이 각각 어떻게 장사하였는지를 알고자 하여 그들을 부르니 눅 19:15

왕위를 받고 돌아온 주인은 종들이 '어떻게 장사했는지를' 알고자 했습니다. 이 구절의 헬라어 원문을 직역하면 '얼마나 많은 거래를 했는지' 알고자 했다는 의미가 됩니다.

종들이 돈을 얼마나 많이 벌었는지 알고자 했다면 그들이 번 돈을 가져오게 해서 셈을 하면 될 일입니다. 그러나 주인은 그러지 않았지요. 주인이 정말로 알고 싶었던 것은 금전적인 수익이 아니라 종들의 충성됨이었습니다. 자신을 반대하는 사람이 많은 상황에서 이 종들이 어떻게 했냐는 것입니다.

핍박받을지라도 주인의 명령에 충성스럽게 반응하며 살았는지를 알고자 했습니다. "내가 준 므나로 장사하면 네가 나의 종이라는 것이 밝혀질 텐데, 너는 그 상황에서 네가 나의 종인 것을 명백하게 드러냈느냐"를 이야기하는 것입니다.

## 많이 남긴 자가 받은 상

> 그 첫째가 나아와 이르되 주인이여 당신의 한 므나로 열 므나를 남겼나
> 이다 … 그 둘째가 와서 이르되 주인이여 당신의 한 므나로 다섯 므나를
> 만들었나이다 **눅 19:16,18**

첫 번째와 두 번째 종은 한 므나를 가지고 장사하여 각각 열 므나와
다섯 므나를 남겼습니다. 자기에게 주어진 사명을 감당한 것입니다. 이
에 주인은 그들을 "착한 종"이라고 부르며 그들의 충성을 칭찬합니다.

> 주인이 이르되 잘하였다 착한 종이여 네가 지극히 작은 것에 충성하였
> 으니 열 고을 권세를 차지하라 하고 **눅 19:17**

이 '충성'이라는 말의 헬라어 단어인 '피스토스'는 '믿음', '신실함'이
라는 뜻입니다. 주인이 없는 동안, 그 주인의 통치를 거부하는 세상
에서 위험을 무릅쓰면서까지 신실하고 충성스럽게 행한 종들을 칭찬
하는 것입니다. 이 종들은 장사의 '성공'이 아닌 그들의 '신실함'을 칭
찬받았습니다. 종의 가치는 그의 능력과 성과로 증명되는 것이 아니
라 주인에 대한 충성심으로 증명되는 것입니다.

한 가지 주목할 점은 신실함과 충실함에 대한 보상이 '특혜' 아닌
'더 큰 책임'이라는 것입니다. "열 고을 권세를 차지"(take charge of ten

cities)한다는 말은 문자 그대로 열 고을을 차지한다는 의미도 있지만 열 고을을 '다스리는 책임'을 준다는 의미도 있습니다. 호의호식하라고 열 고을을 다스리는 권세를 상(특혜)으로 주신 것이 아니라 열 고을을 잘 다스리라는 '사명'(책임)으로 주신 것이지요.

연초에 사역을 계획하면서 저는 부교역자들에게 "이미 여러 가지 일을 맡아 열심히 하고 있는 교인들에게 새로운 사역을 요청하지 말고, 아직 사역하지 않고 있는 교인들을 동력화시킬 수 있도록 하세요"라고 당부했습니다. 일을 잘하는 교인에게 일을 또 주면 금방 탈진하고 힘들어할 것 같았기 때문입니다.

그런데 본문 말씀을 묵상하는 가운데 하나님은 '오히려 더 많은 일이 맡겨지는 그것이 바로 복'이라는 것을 깨닫게 해주셨습니다. 교회에서 담임목사가 이런 말을 하면 '목사님이 나에게 또 무슨 일을 시키려고 하시나 보다' 하고 오해하는 사람도 있을 수 있겠지만, 분명한 사실은 우리에게 사역이 맡겨지는 그 자체가 하나님의 축복이라는 것입니다.

왕위를 받고 돌아온 주인이 당신에게 맡긴 므나를 계수하며 "잘하였도다, 착한 종아. 너에게 열 고을을 더 맡기겠다"라고 말씀하시는 것을 소망하십시오. 그것이 내 인생의 복입니다.

신앙생활을 하면서 혹시 나는 왜 이렇게 일복이 터져서 이토록 과중한 사역을 맡았을까 생각하고 있다면 이제 다른 관점으로 보면 좋겠습니다. '아, 예수님이 나를 충성되고 착한 종이라고 칭찬해주신 거구나. 그래서 내게 더 많은 책임을 맡겨주신 거구나' 하고 말입니다.

문제는 주인이 없는 동안 불성실했던 세 번째 종입니다.

또 한 사람이 와서 이르되 주인이여 보소서 당신의 한 므나가 여기 있나
이다 내가 수건으로 싸 두었었나이다 눅 19:20

돈을 수건에 싸 두다니 재미있는 표현이지요. 이것은 그 당시에 돈
을 보관하는 방법의 하나입니다. 달란트 비유에 나오듯이 땅을 파고
감추어 두는 보관법도 있었습니다.

한 달란트 받은 자는 가서 땅을 파고 그 주인의 돈을 감추어 두었더니
마 25:18

랍비의 법에 의하면, 돈을 맡은 자가 땅에 파묻어 놓으면 도둑을 맞
아도 배상할 의무가 없지만, 돈을 수건에 싸 두었다가 도둑을 맞으면
배상의 의무가 있었다고 합니다. 돈을 제대로 숨긴 것이 아니라고 여겼
기 때문입니다. 그러니 이 종은 아주 불성실한 태도로 돈을 보관했다고
볼 수 있습니다. 게다가 그는 주인에 대해서도 오해하고 있었습니다.

이는 당신이 엄한 사람인 것을 내가 무서워함이라 당신은 두지 않은 것을 취하고 심지 않은 것을 거두나이다 눅 19:21

'엄한 사람'이라는 말은 '거칠고 가혹한 사람'이라는 뜻입니다. 이 종은 자기 주인을 "두지 않은 것을 취하고, 심지 않은 것을 거두"는 사람으로 여겼습니다. 말하자면, 어떠한 노력도 없이 남의 것을 취하는 '고리대금업자'로 생각한 것입니다.

그러면 어찌하여 내 돈을 은행에 맡기지 아니하였느냐 그리하였으면 내가 와서 그 이자와 함께 그 돈을 찾았으리라 하고 눅 19:23

그는 주인을 엄한 사람으로 오해한 것으로도 부족해, 최소한의 노력조차 하지 않았습니다. 이런 것을 보면 주인을 나쁜 사람이라고 생각한 것도 어쩌면 핑계에 불과할지 모르겠습니다.

그의 문제는 주인을 믿는 믿음이 없었다는 것입니다. 주인이 다시 돌아오리라는 믿음이 있었다면 불성실하게 행동하지 않았을 것입니다. 이 종은 '주인이 진짜 다시 올까? 주인을 미워하는 백성들이 다른 왕을 요청했는데, 내 주인이 정말로 왕이 될 수 있을까?' 하고 의심했고, 주인이 왕이 되어 돌아오리라는 믿음의 결여는 불성실한 태도로 이어졌습니다.

주인이 이르되 악한 종아 내가 네 말로 너를 심판하노니 … **눅 19:22**

성경에 이 세 번째 종이 악한 일을 계획했다는 기록은 없습니다. 그러나 그는 신실하지 않았습니다. '악한 종'은 악한 일을 했기 때문에 악한 게 아니고 신실하지 않았기 때문에 악한 것입니다.

주일에 교회 와서 예배드리면서 속으로 '이 예배를 마치고 나가자마자 나쁜 일을 해야지!'라고 계획하는 사람은 없지요. 우리가 하나님을 믿으면서 악한 일을 계획하는 것이 문제가 아니라 신실하지 않은 것이 문제라는 거예요.

신실함은 주인을 믿는 믿음에 근거해 주님이 원하시는 일을 하는 것이고 불의함은 자신의 마음대로 주인을 판단하고 자기 임의대로 사는 것입니다. 그러므로 하나님을 바르게 아는 지식은 우리 신앙에도 무척 중요합니다.

세 번째 종이 자기 생각대로 주인을 판단하고 오해하여 불성실하게 행동했던 것처럼 우리도 하나님을 올바르게 알지 못하면 신앙인으로서 충성되고 성실한 삶을 살지 못할 것입니다.

주인의 높은 기준을 충족하기에는 자신이 너무 부족하다고 생각해서 아무것도 하지 않는 것은 주인을 모독하는 것입니다. 주인은 우리의 성공보다 우리가 주인에 대한 신실한 믿음으로 살아가기를 원하시고, 우리가 얼마나 많은 것을 남겼느냐가 아니라 얼마나 신실하게 삶을 살았느냐를 보시기 때문입니다.

## 실패할 수 있는 복

이 악한 종은 질책을 받았기 때문에 불행해진 것이 아니라 불성실한 삶이 그를 불행하게 만든 것입니다. 우리가 마지막 때에 하나님의 심판대 앞에서 심판받기 때문에 불행해지는 것이 아닙니다. 주어진 삶을 성실하고 신실하게 살아가지 못한다면 그것이 인생의 불행입니다.

그렇다면 인생의 행복은 무엇일까요? 하나님의 부르심에 순종하여 모험적인 삶을 살아가는 것입니다. 우리의 인생을 걸만한 모험이 있다는 것은 크나큰 축복입니다. 모험적인 인생을 살 수 있다는 것이 얼마나 가슴 뛰는 일인지 모릅니다.

경제 용어인 '리스크 테이킹'(risk taking)은 이익을 얻을 확신이 설 때 위험을 감수한다는 뜻입니다. 이 '위험'은 막무가내식 위험이 아니라 성공적인 삶을 증명하기 위해 자신의 확신을 실행에 옮기는 것을 의미합니다.

예수님을 믿는 우리 또한 그분에 대한 믿음이 있기에 기꺼이 발걸음을 내디디며 리스크를 감당하는 것입니다. 하나님을 믿지 못해서 위험을 감수하지 않는 인생은 참으로 무기력할 것입니다. 또한 신앙 안에서 모험적인 삶이 사라졌다면 예수를 믿으면서도 참 불행한 사람일 것입니다.

우리 교회의 한 청년이 이 비유에서 위험을 감수하고 충성한 종들에 대해 묵상하고 제게 보내준 글입니다.

"나는 주님이 내게 주신 사명을 가지고 리스크를 걸고 한계를 넘어서 주님을 위한 한 걸음을 더 나아갔나. 한 번이라도 싸워냈나. 믿음의 한 걸음을 더 걸어봤나."

'믿음의 한 걸음을 더' 걸어본다는 글이 제 마음에 와닿았습니다. 한 걸음을 내딛지 않아도 아무도 뭐라고 하지 않지만, 신실하신 예수님을 바라보기 때문에 한 발짝 더 내딛는 것입니다.

예수님은 바로 그 신실함과 믿음으로 한 걸음 더 내디뎠는지를 우리에게 물으십니다. 모험적 인생을 위해 한 걸음을 내딛는 용기는 주인을 믿는 '신실함'에 근거하기 때문입니다.

탈북하려고 애쓰는 북한 병사와 그를 막으려는 보위부 장교의 이야기를 그린 영화 〈탈주〉(2024)에서 두 주인공은 결국 철책선 앞에서 총을 겨눈 채 이런 대화를 나눕니다.

"남쪽이라고 다 지상낙원일 것 같아? 세상에 그런 낙원은 없어."

"실패는 할 수 있지 않겠습니까? 해보고 싶은 걸 하다 실패하고 또 해봤다가 또 실패하고, 멋지지 않습니까? 여기서는 실패조차 할 수 없으니 내 마음껏 실패하러 가는 겁니다."

너무 멋진 말이었어요! 실패할 수 있는 것도 권리입니다. 우리는 실패가 두려워서 주저하지만, 실은 그 실패가 복입니다. 실패할 가능성이 있는 인생을 살아가며 믿음의 한 걸음을 내딛는 것이 우리에게 복된 일입니다.

제 선친인 김우영 목사님이 만나교회를 개척해 목회하시다가 분당으로 이전하면서 성전을 건축하셨는데, IMF 사태가 터져 큰 빚을 지게 되었습니다. 성전을 크게 지었는데 여전히 자리가 텅텅 빈 것이 마음 아파서 강대상 뒤에 꿇어 엎드려 눈물로 기도하는데, 어느 날 하나님이 이런 음성을 주셔서 큰 위로를 받으셨다고 합니다.

"김 목사, 버스가 출발할 때 처음부터 차서 가냐? 가다 보면 찬다."

사람들은 교회에 빚도 많고 예배당도 텅텅 비었으니 실패한 목회로 여겼을 수도 있지만, 하나님은 그 시간을 통해 함께 기도하고 예배하는 믿음의 공동체를 만들어주셨습니다.

교회 건물의 크기나 교인 수는 문제가 안 됩니다. 하나님을 믿는 신실함으로 발걸음을 내디딜 때 우리와 그다음 세대를 통하여 하나님의 일들이 계속 이어집니다.


## 주님은 신실한 종을 잊지 않으신다

10여 년 전에 남아프리카공화국의 어느 지역으로 선교사님들을 위로하러 간 적이 있습니다. 수련회 장소까지 가는 데만도 46시간이 걸리는 데다가 차도 몇 번이나 갈아타야 했기에 몸은 피곤하고 힘들었지만 그 속에도 기쁨이 넘쳤습니다.

은혜 가운데 2박 3일을 함께 지내며 그분들을 격려하고 마지막 날이 되어 한국으로 돌아갈 채비를 하고 있는데 선교사님들과 사모님들이 눈물을 흘리면서 이런 말씀을 하셨습니다.

"찾아오기에는 너무 먼 곳이라서 우리를 파송한 교회의 담임목사님과 교인들도 한 번도 찾아오지 않았어요. 하지만 목사님이 오셔서 '여러분을 잊지 않았다. 여러분의 수고를 알고 있다'라고 위로해주신 것이 참 감사했어요."

그 말을 들으면서 그분들에게 위로가 되었다는 사실이 참 감사한 한편, 마음이 먹먹하기도 했습니다. 그 외롭고 지친 마음이 고스란히 느껴졌기 때문입니다.

우리도 맡겨진 사역을 감당하는 동안, 아무도 알아주지 않는 것같이 적막하게 느껴지는 순간이 있을 것입니다. 많은 어려움과 핍박 속에서 주님만 믿고 버텨내야 하는 시간도 있을 것입니다. 그럴지라도 주인을 믿고 장사해 열 므나, 다섯 므나를 남긴 종처럼 우리도 주님을 믿고 맡겨진 일을 신실하게 감당해야 합니다.

주어진 삶을 충성되고 신실하게 살아가는 자를 주님이 격려하시며 "내가 너를 잊지 않았어. 내가 너와 함께하고 있어"라고 말씀하시지 않을까요?

지금 주어진 삶에 충실해야 할 이유가 바로 여기에 있습니다. 우리를 보내신 예수님이 이 땅에 다시 오실 때 틀림없이 이렇게 물으실 것이기 때문입니다.

"얼마나 신실하였느냐?"

주변에서 "나 예수 믿는 사람입니다"라고 말하는 사람을 참 많이 봅니다. 그러나 신앙인이라고 고백하면서도 그 삶에 하나님의 형상이 나타나지 않고 예수님의 성품이 보이지 않는 사람도 많습니다.

하나님나라의 장애물이 되거나 그리스도의 복음을 가로막는 사람은 신실한 사람이 아닙니다. 겉으로는 믿음이 좋아 보일지 몰라도 말씀대로 살지 않고 주님의 주인 되심을 인정하지 않는 삶을 살아가는 사람을 신실하다고 말할 수 없습니다.

참된 신실함은 내 삶을 통해서 나를 보내신 주인이 어떤 분인지 드러나는 것입니다. 내 주인 되시는 예수님이 어떤 분이신지를 나를 통해 드러낼 수 있을 때 비로소 신실하다고 칭찬받을 것입니다.

하나님을 믿으며 믿음으로 살아가는 게 결코 녹록지 않습니다. 힘들고 어려운 일도 많지요. 그러나 그런 일들 가운데서도 신앙인으로서의 신실함이 증명되어야 합니다.

"내가 널 잊지 않았어. 내가 너를 기억하고 있어"라고 우리를 격려하실 주님을 전심으로 믿을 때 이 세상 안에서 신실하게 살아갈 수 있습니다.


### 핍박의 시대를 살아가는 사명자

내 생각과 신앙을 공개적으로 이야기하기가 참 힘든 시대가 되었습니다. 미국의 경우만 보더라도 그동안 하나님께서 남자와 여자를 창조하시고 아내와 남편으로 삼아주셨다는 것을 공개적으로 말할 수 없는 나라가 되어 온 것이 사실입니다.

아내와 남편이라는 표현 대신 'spouse'(배우자)라는 말을 써야 하고, 화장실도 남자 화장실과 여자 화장실로 구분된 것이 아니라, 자신이 남자라고 생각하면 남자 화장실로, 여자라고 생각하면 여자 화장실로 가는 시대입니다.

젠더(gender) 교육에서 가르치는 내용은 성경이 말하는 진리를 부정하는 것이 대부분입니다. 성경 말씀대로 살면 역차별당하고 핍박받는 현실이 되었습니다.

우리나라에서도 코로나 때 주일에 교회를 출석했는지를 체크하고, 교회 갔다 온 사람은 불이익을 당하는 일들이 있었습니다. 콘서트나 운동경기를 보고 오는 건 괜찮은데도 말입니다. 그런 세상에서 당신은 신실하게 사명을 감당하며 살 수 있습니까?

기독교에 "이미, 그러나 아직"(already, but not yet)이라는 중요한 신학적 개념이 있습니다. 하나님나라의 도래가 이미(already) 선포되었지만 아직 오지 않은(not yet) 것을 가리키는 말입니다. 하나님의 심판이 선포되었지만 아직 완전히 이르지 않은 이 시간을 살아가고 있다는 뜻이기도 합니다.

이 세상에 속한 사람들이 주님의 왕 되심을 싫어해서 그분을 따르는 종들을 핍박하듯이 예수님을 따르는 우리도 세상 사람들에게 미움과 핍박을 받게 될 것입니다. 그러나 주님은 그 시간을 견디고 신실하게 살아가는 자들에게 더 많은 것을 맡기실 거라고 약속하십니다.

그렇다면 왕위를 받아서 다시 오실 주인을 기다리는 우리는 어떤 마음으로 살아가야겠습니까? 주님을 싫어하고 믿지 않는 자들에게 핍박받더라도 주인을 향한 신실한 믿음으로 맡겨주신 사명을 감당해야 하지 않겠습니까?

당신에게는 이 땅 가운데 주님이 다시 오시리라고 믿는 신실함이 있습니까? 주님이 맡겨주신 것을 그분의 뜻대로 사용하는 성실함이 있습니까? 당신의 성실함은 당신의 열심에서 비롯된 것입니까, 아니면 하나님의 마음을 아는 그 믿음과 신실함에서 비롯된 것입니까? 열심히 사는 것과 충성스러운 삶을 사는 것은 다른 차원의 문제입니다.

그런 의미에서 이번 장의 비유는 '사명'이라는 관점에서 이해하면 좋을 것 같습니다. 주인을 향한 믿음과 주인이 맡겨주신 것에 대한 확실한 소명이 있다면, 내게 처한 상황이 어떠하든지 흔들리지 않고 그 사명을 감당할 수 있습니다.

주님은 이 열 므나 비유를 통해 우리에게 "이 세상을 살아갈 때 나를 미워하고 핍박하는 사람들로 인하여 너희가 고난당할 수도 있다. 그럴 때 너희는 그 시간을 어떻게 살아가겠느냐" 하고 물으십니다. 그리고 다시 오시는 날, 질문하실 것입니다.

"너희에게 주어진 사명을 충성되게 잘 감당하였느냐?"

# 주님이
# 불공평하신 것
# 아닌가요?

마태복음 20장 1-16절

천국은 마치 품꾼을 얻어 포도원에 들여보내려고 이른 아침에 나간 집주인과 같으니 그가 하루 한 데나리온씩 품꾼들과 약속하여 포도원에 들여보내고 또 제삼시에 나가 보니 장터에 놀고 서 있는 사람들이 또 있는지라 그들에게 이르되 너희도 포도원에 들어가라 내가 너희에게 상당하게 주리라 하니 그들이 가고 제육시와 제구시에 또 나가 그와 같이 하고 제십일시에도 나가 보니 서 있는 사람들이 또 있는지라 이르되 너희는 어찌하여 종일토록 놀고 여기 서 있느냐 이르되 우리를 품꾼으로 쓰는 이가 없음이니이다 이르되 너희도 포도원에 들어가라 하니라 저물매 포도원 주인이 청지기에게 이르되 품꾼들을 불러 나중 온 자로부터 시작하여 먼저 온 자까지 삯을 주라 하니 제십일시에 온 자들이 와서 한 데나리온씩을 받거늘 먼저 온 자들이 와서 더 받을 줄 알았더니 그들도 한 데나리온씩 받은지라 받은 후 집주인을 원망하여 이르되 나중 온 이 사람들은 한 시간밖에 일하지 아니하였거늘 그들을 종일 수고하며 더위를 견딘 우리와 같게 하였나이다 주인이 그중의 한 사람에게 대답하여 이르되 친구여 내가 네게 잘못한 것이 없노라 네가 나와 한 데나리온의 약속을 하지 아니하였느냐 네 것이나 가지고 가라 나중 온 이 사람에게 너와 같이 주는 것이 내 뜻이니라 내 것을 가지고 내 뜻대로 할 것이 아니냐 내가 선하므로 네가 악하게 보느냐 이와 같이 나중 된 자로서 먼저 되고 먼저 된 자로서 나중 되리라

## 자비로운 주인인가 불공평한 주인인가

예수님은 사람들을 가르치실 때 비유를 많이 사용하셨습니다. 비유(parable)는 헬라어 원어로 '파라볼레'라고 합니다. '곁에'라는 뜻의 '파라'(para)와 '던지다'라는 뜻의 '발로'(ballo)가 합쳐진 말이며, 그대로 해석하면 '곁에 놓는다', '곁에 던진다'라는 뜻입니다.

하나를 던져 놓고 비교해본다는 의미로, 흔히 볼 수 있는 현실에 빗대어 심오한 영적 진리를 말하는 표현 방식입니다. 예수님이 말씀하신 비유는 대부분 현실 이야기를 빌려 '하나님나라'에 대해 설명하고 있고, 이 장에서 살펴볼 포도원 주인과 품꾼 비유도 그렇게 하나님나라의 원리를 말해줍니다.

그런데 '기초가 단단한 집은 무너지지 않는다', '열심히 일한 종이 더 큰 상을 받는다', '준비한 자들에게 마땅한 상급이 주어진다' 그런 이성적이고 논리적인 비유는 이해하기 쉬운데, 이 비유는 많은 사람이 어려워하고 불편하게 여깁니다.

우리가 잘 아는 것처럼, 이 비유는 주인이 인력시장에 직접 찾아가 제삼시(오전 9시), 제육시(정오), 제구시(오후 3시), 그리고 제십일시(오후 5시)에 각각 일꾼들을 불러 일을 시키고 모두에게 똑같은 임금을 주는 이야기입니다.

이 비유에는 상반된 견해 차이가 존재합니다. 일하고 돈을 받는 일꾼들의 시점에서 보면, 각자 일한 시간이 다 다른데 모두에게 똑같은 임금을 주니 많이 일한 사람은 불만이 있고 적게 일한 사람은 같은 돈을 받아 민망한 상황입니다.

그런데 더 많이 일한 사람이 불만을 제기하자 주인은 "네 것이나 가지고 가라. 나중 온 이 사람에게 너와 같이 주는 것이 내 뜻이니라. 내 것을 가지고 내 뜻대로 할 것이 아니냐. 내가 선하므로 네가 악하게 보느냐"(14,15절)라고 말합니다.

주인은 선한 의도로 이렇게 했지만, 세상의 기준으로는 일한 만큼 대가를 받는 것이 정당하기 때문에 먼저 온 일꾼들이 공평하지 않다고 느끼는 것은 어쩌면 당연한 것 같습니다. 주인의 처사는 불합리해 보이고 '자비로운 주인'이라는 말이 공의롭지 않게 느껴져서 이 비유를 이해하고 받아들이기가 쉽지 않습니다.

이 비유는 흔히 '포도원 품꾼의 비유'라고 불립니다. 하지만 제목을 이렇게 잡으면 제대로 해석할 수 없고 '포도원 주인의 비유'로 생각해야 제대로 이해할 수 있습니다. 주인의 불합리한 처사는 정확히 말하면 '아침 일찍부터 포도원에서 일한 품꾼'의 시각에서 불합리한 것이기 때문입니다.

어린 시절에 말다툼하다가 "네 마음만 있냐? 내 마음도 있다!"라는 말을 해본 적이 있지 않나요? 이 포도원 주인이 하는 일을 보고 사람들이 "주인 마음대로입니까?"라고 불평하는데, 사실은 그러한 일을 행하는 주인의 마음은 어떤 것인지 이 장을 통해 이해할 수 있게 되기를 바랍니다.

그럼 아침 일찍부터 포도원에 와서 일한 품꾼의 이야기부터 듣고 시작할까요?

### 🎤 품꾼 1 : 일찍 와서 일한 품꾼의 이야기

저는 하루 벌어 하루 살아가는 일용직 노동자입니다. 요즘 경기가 좋지 않아서 일감 구하기가 참 힘듭니다. 처자식을 먹여 살려야 해서 아침 일찍부터 인력시장에 나갔습니다.

누가 나를 써주려나 걱정하며 서성이는데 어떤 포도원 주인이 다가와 일당으로 한 데나리온이나 주겠다고 제안했습니다. 감사한 마음에 종일 열심히 일했습니다.

드디어 일을 마쳤습니다. 늦게 들어온 품꾼들부터 품삯을 받기 시작했는데 주인이 고작 한 시간 일한 그들에게 선뜻 한 데나리온을 주는 겁니다. '한 시간 일한 저들에게 한 데나리온을 줄 정도면 나에게는 얼마나 줄까?' 내심 기대가 생기더라고요.

그런데 뭔가 이상합니다. 오후 3시와 정오에 와서 일한 품꾼들에게도 똑같이 한 데나리온을 주는 겁니다. '설마, 그래도 나는 다르겠지' 했는데 내게도 달랑 한 데나리온만 주어졌습니다.

'한 데나리온이나'가 '한 데나리온밖에'로 바뀌면서, 이전의 감사는 다 사라지고 열심히 일한 게 억울하고 주인의 불공평한 처사에 분노가 치밀었습니다.

늦게 와서 겨우 한 시간 일한 품꾼에게는 일한 만큼 계산해주면 됩니다. 한 데나리온을 주겠다고 약속한 것도 아니니 임금 착취나 불공정한 것도 아닙니다.

제가 백번 양보해서, 주인이 이들에게 꼭 한 데나리온을 줘야겠다고 마음먹었다면 일찍 왔던 우리 먼저 삯을 주고 다 돌려보낸 다음에 늦게 온 사람에게 주면 되었겠죠. 그랬다면 이렇게까지 기분이 더럽진 않았을 겁니다.

놀리는 것도 아니고 왜 굳이 나중에 온 사람부터 삯을 주는지 도무지 이해가 가지 않아서 포도원 주인에게 따져 물었습니다. 그런데 주인은 저의 정당한 이의제기에 "내가 너에게 약속한 한 데나리온을 주었는데 뭐가 문제냐? 누구에게 얼마를 주는 건 내 마음이니, 너는 네가 받은 것이나 가지고 돌아가라"라고 딱 잘라 말했습니다. 아침 일찍부터 수고한 제 원망이 잘못된 건가요?

## 굳이 '나중 온 자'부터 주는 주인

저물매 포도원 주인이 청지기에게 이르되 품꾼들을 불러 나중 온 자로 부터 시작하여 먼저 온 자까지 삯을 주라 하니 **마 20:8**

임금을 '나중에 온 품꾼부터' 주라는 이 말씀의 의미를 깊이 생각하지 않고 표면적으로만 본다면 주인의 행동을 이해하기가 어렵습니다. 먼저 일한 품꾼부터 돈을 주는 것이 정상이기 때문입니다.

한 데나리온이면 일용직에게는 과분한 하루의 품삯이니 그가 한 데나리온을 먼저 받고 갔더라면, 나중에 온 품꾼이 얼마를 받았는지 몰랐을 테고, 그러면 아무 문제가 없었을 것입니다.

그런데 주인은 왜 굳이 나중에 온 품꾼에게 먼저 삯을 주어서 그 불공평한 상황을 다 지켜보게 한 걸까요? 어찌 보면, 주인이 일부러 불공평한 상황을 만들고 있는 것 같기도 합니다.

그렇다면 자비로운 주인이 이렇게 하는 데는 그 이유가 있을 것입니다. 이번 장의 비유는 이러한 상황을 만든 주인의 의도를 파악하는 것이 가장 중요합니다.

이와 같이 나중 된 자로서 먼저 되고 먼저 된 자로서 나중 되리라 **마 20:16**

이 비유는 이 말씀으로 끝나는데 바로 앞 장인 마태복음 19장의 맨 끝에 이 말씀과 거의 흡사한 말씀이 나옵니다.

> 그러나 먼저 된 자로서 나중 되고 나중 된 자로서 먼저 될 자가 많으니라
> **마 19:30**

비슷하지만 유심히 보면 먼저 언급하는 자가 다릅니다. 마태복음 20장에서 이 비유를 말씀하신 후에는 "나중 된 자가 먼저 된다"라고 하시지만, 19장에서는 "먼저 된 자가 나중 된다"라고 반대로 말씀하십니다. 우연이라고 하기보다는 그 이유를 생각해보는 것도 흥미로울 것 같습니다.

마태복음 19장에서 베드로가 주님께 이렇게 묻습니다.

> 이에 베드로가 대답하여 이르되 보소서 우리가 모든 것을 버리고 주를 따랐사온대 그런즉 우리가 무엇을 얻으리이까 **마 19:27**

사실 예수님이 이 비유를 말씀하신 가장 중요한 이유는 베드로의 이 말 때문입니다. 천국이 어떻다는 것을 그토록 많이 말씀해주셨는데도 베드로가 아직도 잘 모르고 천국에서 뭔가를 얻으려고 하니 천국에 관해 다시 이야기해주시는 것입니다.

## 먼저 된 자 vs 나중 된 자

베드로는 자신이 이렇게 헌신했으니 천국에서 얻을 상이 무엇인지 주님께 듣고 싶었습니다. 오늘날 신앙인들이 많이 빠지는 신앙의 오류인 '종교적 성과주의' 같은 것이죠. 신앙의 시작은 하나님의 '은혜'였는데, 점점 자기 공로를 의지하다가 교만해진 것입니다.

예수님의 제자들은 분명히 먼저 주님을 좇았고, 더 많이 희생하고 주님을 섬긴 것도 사실입니다. 당연히 그런 자신들에 대한 우월의식과 공로의식이 있었고, 따라서 늦게 믿은 다른 이들보다 더 큰 보상이 따를 것으로 생각했습니다.

그러자 주님은 그들이 받을 상을 말씀하신 후에 "그러나 먼저 된 자로서 나중 되고, 나중 된 자로서 먼저 될 자가 많으니라"(마 19:30)라고 하신 것입니다.

그래서 이 말씀의 중점은 '먼저 된 자'에 있습니다. 이 말씀을 읽을 때 '교만'이라는 말이 떠오르지 않던가요? '먼저 된 자'에 대한 말씀은 교만하지 말라고 주님이 짚어주신 것 같습니다.

그런 다음에 이 포도원 주인과 품꾼 비유를 말씀하셨는데, 말씀을 시작하는 첫 단어 "천국은"에 우리에게 주시려는 메시지의 해답이 있습니다.

천국은 마치 품꾼을 얻어 포도원에 들여보내려고 이른 아침에 나간 집 주인과 같으니 **마 20:1**

예수님은 천국이 어떤 곳인지, 누가 천국에 들어갈 수 있는지를 알려주시려고 포도원과 주인과 품꾼들을 등장시키면서 이 비유를 들려주시는 겁니다.

예수님의 비유에서 먼저 일한 품꾼들은 기세등등하게 주인에게 자신들의 권리를 주장하는 반면, 늦게 와서 일하고 품삯을 받은 이들은 풀이 죽어 있습니다.

당연한 일입니다. 늦게 와서 조금 일하고 똑같은 품삯을 받았으니 아침부터 수고한 이들의 항의에 고개를 숙이고 처분만 기다리는 처지가 된 것이죠. 이들은 '나중 된 자'입니다.

예수님은 비유를 통해 이 나중 된 자들에게 너무 기죽지 말라고 말씀하시려는 것은 아닐까요? 예수님이 어쩌면 나중 된 자를 내세우면서 위로와 격려를 해주시는 건지도 모릅니다. 그러니 이 비유는 '나중 된 자'에 초점을 맞추고 풀어가야 잘 이해될 것 같습니다.

예전이나 지금이나 두 가지 극단으로 치닫는 사람들이 있습니다. 한 편에는 자랑과 허세에 부풀어서 교만에 빠진 사람이 있는가 하면, 다른 한 편에는 아무것도 가진 것이 없어서 잔뜩 기가 죽어 움츠러든 사람이 있습니다. 이들 모두에게 예수님은 '먼저'와 '나중'에 관련한 말씀을 들려주십니다.

"앞장섰다고 잘난 체하지 말고, 뒤처졌다고 주눅 들지 마라."

## 은혜인가 율법인가

예수님 당시에 토지를 소유한 자들은 일반적으로 사람을 고용해 관리했습니다. 그런데 비유 속의 주인은 자신의 계급이나 체통을 지키지 않고 긍휼한 마음으로 가난한 이들을 직접 찾아다니며 이들에게 일거리를 주었습니다.

"너희는 어찌하여 종일토록 놀고 여기 서 있느냐"(마 20:6)라는 주인의 질문이 영어성경(NIV)에는 "Why have you been standing here all day long doing nothing?"으로 되어 있습니다. 일거리가 없어서 서성이는 사람들을 찾아가 일거리를 준 것이죠.

주인이 그들에게 한 데나리온씩 준 것은 모두에게 적어도 하루 한 가족이 살 수 있는 품삯을 주었다는 의미입니다. 어떻게 해서든지 사람들을 도와 하루를 살게 하려는 의도입니다. 그러니 그의 자비로움을 의심할 여지는 없을 것 같습니다.

또한 그는 제삼시에 만난 사람들에게도 포도원에 들어가라며 "내가 너희에게 상당하게 주리라"(I will pay you whatever is right, NIV)라고 말합니다. 이는 주인이 보기에 정당하다는 말입니다. 일하는 사람들이 마땅히 받을 자격이 있어서가 아니라, 주인의 자비하심에 비추어 정당하다는 의미입니다.

그런데도 '정당하다'라는 부분을 받아들이기 쉽지 않은 사람들이 많습니다. 자신을 먼저 온 일꾼과 동일시하는 사람이라면 주인의 처사가 불쾌하게 느껴지고 화가 날지도 모릅니다. 우리가 '이상적인 노사관계'를 생각한다 해도, 과연 주인의 '자비로운' 처사를 옳다고 말할 수 있을까요?

《예수님의 비유 어떻게 읽을 것인가》(An Introduction to the Parables of Jesus)의 저자 로버트 H. 스타인은 이 비유를 3가지 관점에서 해석했는데, 그중 마지막 해석 방법으로 이 비유의 결론에 주목하면서, 이 비유가 '자비로운 아버지 비유'(탕자의 비유)와 닮은 것을 발견했습니다.

'탕자의 비유'에서 신실한 '형'이 탕자인 '작은아들'에게 복을 내리는 '자비로운 아버지'의 은혜와 선함에 화를 내듯 포도원 주인과 품꾼 비유에서는 신실한 존재인 '일찍 온 품꾼'이 '나중에 온 일꾼'에게 복을 내리는 '자비로운 주인'의 은혜와 선함에 불평을 토로합니다.

이 비교를 통해 그는 "예수님의 삶의 정황에서 이 비유는 예수님이 하나님의 자비와 은혜를 가난한 사람들과 소외된 사람들에게 베푸시는 것을 못마땅하게 여기는 사람들에게 준 것임이 분명하다"라고 말했습니다.

예수님은 포도원 주인과 품꾼 비유를 통해 바리새인과 서기관들이 불의하고 몰인정하다는 것을 보여주려 하셨던 것 같습니다. 그런 의미에서 이 비유는 포도원 농장으로 들어오지 못한 사람들을 향한 이야기가 아닙니다. 이미 포도원으로 초청받아서 포도원 농장에서 일하고 있는 자들, 즉 믿음이 있고 천국이 무엇인지 아는 우리를 향한 이야기입니다.

그런데 사실 이 비유를 읽으며 우리 자신의 모습을 솔직하게 들여다보는 것이 두렵기도 합니다. 처음에 온 품꾼들이나 예수님을 대적하는 사람들의 모습 속에서 아주 무자비하고 때로는 몰인정한 우리의 모습이 보이기 때문입니다.

이 비유를 통해 우리는 스스로 '율법 아래' 있으며, 우리가 자신을 생각하는 것보다 '은혜 아래' 있지 않다는 것을 깨닫게 됩니다. 이 비유가 이야기하려는 바는 분명합니다. 하나님께 먼저 은혜를 받은 자들이 은혜를 은혜로 생각하지 않고, 자신의 '공로'로 대우를 받으려고 하는 것은 잘못됐다는 것입니다.


## 의인과 죄인 모두에게 은혜가 필요하다

이 비유는 천국을 이야기하고 있다고 했습니다. 사람들은 천국에 대한 나름의 정의를 내리고 자신만의 천국을 소유하려고 노력합니다. 끊임없이 천국을 보이는 실체로 만들려 하고, 예수 그리스도가 아닌 내 노력을 통해 천국을 획득하려 합니다.

내가 꿈꾸는 천국을 '(내가 생각하기에 상식적인) 몇 명을 전도하면 천국에 간다, 내 재산을 다 바치고 내 모든 노동력과 내 육체까지 내어놓아야 천국에 간다…' 이렇게 내 생각에 상식적인 방법으로 소유하려고 합니다(많은 이단이 이렇듯 잘못된 천국관에서 나온 것입니다).

그러나 천국은 우리가 획득하는 것이 아닙니다. 품꾼들이 포도원에 제 발로 찾아간 게 아니라 놀고 있던 그들을 주인이 초청하여 포도원으로 데리고 갔듯, 이 세상의 수고와 번민 속에 있던 우리를 주님이 초청하신 겁니다.

"너희는 왜 세상에서 방황하면서 여기서 이렇게 놀고 있니? 나에게 오면 너희에게 평안과 기쁨과 감사가 넘칠 텐데 왜 이렇게 있니?"라며 부르시고, 그 초대에 응해서 간 사람들에게 천국이 임한 겁니다. 그래서 천국은 수동적인 개념으로 이해하는 것이 당연한데 우리는 천국을 능동적으로 소유하려고 합니다.

또한 천국은 우리의 헌신이나 성과가 아니라 전적인 하나님의 은혜로 주어졌습니다. 품꾼들이 시장에서 열심히 일하는 모습을 보여줘서 포도원 주인이 그들에게 일을 시켰나요? 아닙니다. 서성대며 놀고 있던 사람을 불러주셨습니다.

이 은혜는 우리가 '한 일'이 아닌 우리 자신의 '존재'를 향하고 있습니다. 포도원 주인이 품꾼 한 명 한 명의 존재에 관심을 가진 것처럼 예수님이 우리의 존재에 관심을 가지셨기 때문에 우리를 포도원으로 불러주신 겁니다.

내 존재를 향한 은혜로 천국의 초청을 받았다면 우리는 초청하신 예수 그리스도와 나의 관계에 집중해야 합니다. 그런데 그게 참 어렵습니다. 주변에 우리의 집중을 흐트러뜨리는 게 너무나 많으니까요. 예수님과 늘 함께 있었던 제자들도 예수님과의 관계보다는 천국에서 어떤 자리를 차지할 것인지에 관심을 두었듯이 말입니다.

불만을 가진 일꾼들이 누구보다 많은 일을 한 것은 분명합니다. 다만 자신이 일한 만큼 보상을 받지 못한다고 생각할 뿐, 이들도 주인에게 은혜를 입고 있음을 부인할 수 없습니다. 이들에게 주인은 결코 나쁜 사람이 아닙니다.

주인이 많이 일한 자와 적게 일한 자에게 똑같이 자비를 베풀었듯이 하나님은 의인의 하나님인 동시에 죄인의 하나님이십니다. 하지만 어느 순간 '죄인의 하나님'이라는 것을 받아들이지 못하는 '의인'이 '율법주의자'가 되는 것입니다.

처음 주인과 계약할 때, 일꾼들은 모두 만족했습니다. 자비로운 주인 덕분에 일자리를 얻게 되었고 가족을 부양할 수 있게 되었으니까요. 그런데 다른 사람들에게 베푸는 주인의 자비를 보니, 은혜는 다 사라지고 자신의 공로가 생각난 것입니다.

바리새인과 서기관들이 그랬습니다. 율법주의자들이 되어서 자신들이 누군가보다 더 수고하고, 더 선행을 베풀고, 더 예배하고 산다면 그렇지 않은 사람들보다 '더 나은' 대우를 받아야 한다고 생각한 것이죠.

주인에게 불만을 품는 자들, 예수님의 사역에 대적하는 자들은 '율법을 지키는 의인'에게만 은혜를 베푸셔야 한다고 생각하지만, 주님은 의인과 죄인 모두에게 은혜가 필요하다고 말씀하십니다.

## 하나님의 법을 이해하고 천국 백성으로 살기

예수님은 다른 사람에게 베푸시는 은혜를 시기하는 사람들에게 '하늘나라의 원리'로 세상을 보라고 가르치시고, 새로운 경제 원리가 아니라 하늘나라의 원리와 천국 백성으로 사는 법을 말씀해주십니다.

우리가 천국 백성으로 살아가면서 하나님께 받을 보상은 세상의 것과는 다릅니다. 히브리어에는 '보상'을 의미하는 두 개의 단어가 있는데, 정확히 일한 대가로 주어지는 보상을 의미하는 '사카르'와 어떤 종류의 보너스 혹은 추가적인 보상의 의미로 쓰이는 '프라스'입니다.

천국에서 하나님이 우리에게 주시는 보상은 '프라스'입니다. 그분은 정확한 보상을 지급하는 세상의 고용주가 아니라 '긍휼과 자비'를 베푸는 천국의 주인이십니다. 그러므로 천국 백성으로 살아가려면 하나님 아버지의 법을 이해하고 받아들여야 합니다.

이 비유는 누구의 시선으로 바라보느냐에 따라 그 해석이 완전히 달라진다고 했습니다. 이 장을 시작하면서, 은혜에 대한 감사가 순식간에 불평으로 바뀐 품꾼 1의 시점에서 이 비유를 보았는데, 이제 소유가 아닌 존재에 대한 관심으로 은혜를 베푼 포도원 주인의 시점에서 이 비유를 다시 바라봅시다.

### 🎙 주인의 이야기

장터에서 하릴없이 놀며 배회하는 사람들이 눈에 들어왔습니다. 안쓰러운 마음에 하나둘, 그들을 제 포도원으로 불러 일을 주었습니다. 이미 포도원에 충분한 품꾼이 있지만 계속 나가서 그들 모두에게 상당한 품삯을 약속했습니다. 일을 마무리할 때가 가까운 오후 5시에도 나가보니 여전히 일거리를 구하지 못한 품꾼이 있어 그들도 포도원으로 데려갔습니다.

숙련된 일꾼도 아니고 장터에서 서성이는, 쓸모없어 보이는 이들에게 일을 주고 후한 삯을 주는 게 낭비일지 모르겠습니다. 다른 사람들은 이해하지 못하겠지만, 포도원에서 얼마나 수익을 내는가 하는 소유가 제게는 중요하지 않습니다.

제 관심은 품꾼들의 존재 자체에 있었습니다. 오늘 하루를 공치면 그는 물론 온 가족이 굶어야 하는 그들의 존재에 대한 안타까운 마음과 긍휼함이 제게 있었습니다.

제가 소유에 관심이 있었다면 아무나 부르지 않았을 테고, 당연히 보상에도 숙련도와 일한 정도에 따라 차등을 두었겠죠. 그러나 애초에 제 의도는 보상이 아니라 은혜를 베푸는 데 있었습니다. 심지어 누가 일찍 오고 더 일했나 헤아리는 셈법에도 관심이 없고 품꾼 한 명 한 명에게 은혜를 베푸는 데 집중했습니다. 굶어 죽게 생긴 그들에게 생명을 주고 싶은 마음에 그들을 포도원으로 초청한 것입니다. 그 마음을 알아줬으면 하는 마음에 굳이 늦게 들어온 품꾼부터 한 데나리온씩 주었습니다.

그런데 아침부터 일한 품꾼이 이의를 제기합니다. 포도원에서 일하게 해준 것만도, 한 데나리온의 품삯도 감사하다던 품꾼이 순간 변한 것입니다. 심지어 제 돈이 자기 것인 양 그 분배가 잘못되었다고 지적하며 저를 가르치려고 합니다. 물에 빠진 사람 구해줬더니 보따리 내놓으라는 격이지요.

한 가지 궁금해집니다. 품꾼에는 이른 아침, 오전 9시, 정오, 오후 3시, 오후 5시에 들어온 다섯 그룹이 있는데 모든 품꾼이 다 포도원 주인에게 불만을 품었을까요? 아침 일찍부터 들어온 품꾼과 맨 나중에 들어온 품꾼의 생각이 같을까요? 오후 5시에 들어온 품꾼의 시각으로 이 비유를 다시 한번 들여다봅시다.

### 🎤 품꾼 2 : 늦게 와서 일한 품꾼의 이야기

아침부터 일자리를 찾아 서성였지만, 속절없이 시간만 흘러 어느덧 날이 저물어갑니다. 기다리는 가족에게 빈손으로 돌아갈 생각에 가슴이 무너질 것 같은데 꿈 같은 일이 일어났습니다. 한 포도원 주인이 와서 지금까지 왜 이러고 있느냐며 지금이라도 자기 포도원에 와서 일하라고 제안한 것입니다.

이 말도 안 되는 황당한 제안에 의심도 갔지만 밑져야 본전이라는 생각에 포도원으로 들어가, 어떻게든 은혜를 갚아야 한다는 마음으로 한 시간을 열 시간처럼 일했습니다.

일을 마치니 주인이 기대치도 않았던 한 데나리온을 선뜻 내어줬습니다. 제게 베풀어준 주인의 말할 수 없는 은혜는 횡재를 넘어 죄송하고 민망할 뿐입니다. 한 데나리온은커녕 반의반만 주어도 감지덕지할 텐데 이걸 받아도 되는지 주인의 눈을 차마 마주 대하기도 송구합니다. 그 은혜에 그저 감사할 따름입니다.

당신은 자신의 공로를 내세우며 주인에게 불만을 품은 품꾼 1입니까, 자격 없는 자에게 주어진 은혜를 한없이 감사하는 품꾼 2입니까? 당신의 영적 상태는 어느 쪽입니까? 주인의 행동이 이해되고 받아들여집니까, 아니면 불합리하다고 생각됩니까?

이런 일은 비단 비유 속에만 있지는 않습니다. 목회자인 제게도 아침부터 일한 품꾼의 모습이 있습니다. 사역을 처음 시작할 때는 나 같은 사람을 불러주신 하나님께 감사하며 감격했고, 어떻게든 그 은혜를 갚기 위해서 맡기신 일에 최선을 다했습니다.

그런데 그 감격이 점점 사라지면서 내 상식에 근거한 판단을 내리고 내가 보기에 공정한 기준을 스스로 만들었습니다. 주인의 포도원에서 주인의 은혜로 일하게 되었는데 점차 주인의 의도와 반하는 내 기준으로 판단과 지적질을 시작했습니다.

결국, 나의 고집과 완고함으로 주인을 대적하고 뻔뻔하게 주인의 자리에 있으려고 하는 제 모습을 보았습니다. 질그릇 주제에 토기장이에게 대드는 게 바로 저였습니다.

## 늦게 온 품꾼이 나일 수도 있다

이 비유의 시작과 끝을 다시 한번 보겠습니다.

천국은 마치 … 이와 같이 나중 된 자로서 먼저 되고 먼저 된 자로서 나

중 되리라 마 20:1,16

아침 일찍부터 왔든 오후 5시에 왔든 이것은 우리가 생각하는 시간적인 개념이 아닙니다. 아침부터 왔어도 은혜에 감사하며 사는 사람이 있고 문 닫을 때쯤 왔어도 불평거리를 찾는 사람이 있습니다.

모태신앙이라고 해서 언제나 은혜에 감사하는 게 아니고 직분이 있다고 해서 언제나 감사하며 사는 게 아닙니다. 부모님은 믿지 않았는데, 나는 누군가의 은혜로 주님 앞에 와서 구원받은 사실이 너무나 기뻐서 어떠한 실망스러운 일에도 실족하지 않고 주님과의 관계만 바라보는 사람도 있습니다.

비유 속의 포도원이 천국이라면 당신은 천국에서 감사로 더 많이 일하고 싶으신가요, 조금만 일하고 싶으신가요? 더 많이 일하고 싶겠죠. 그러면 아침 일찍부터 일한 품꾼과 오후 늦게 들어온 품꾼 중 누가 일을 많이 했을까요? 당연히 아침 일찍부터 일한 품꾼입니다. 그렇다면 그가 더 감사해야 하지 않을까요?

1원짜리 천국이 있고 1억 원짜리 천국이 있을까요? 천국은 돈의 가치로는 환산할 수 없습니다. 그런데도 우리가 소유로, 가치로, 세상의 욕망으로 천국을 바라보기 때문에 '덜 갖고 더 갖고'를 따지면서 천국을 잊어버리는 것 같습니다.

이 장에서 두 품꾼과 주인의 마음을 헤아려보고, '나'는 어떤 품꾼의 마음인지 질문을 드렸습니다. 저는 오후 5시에 들어온 품꾼이 우리인 것 같고 또 우리였으면 하는 바람을 품게 되었습니다.

오직 성령이 너희에게 임하시면 너희가 권능을 받고 예루살렘과 온 유대와 사마리아와 땅끝까지 이르러 내 증인이 되리라 하시니라 **행 1:8**

이 말씀이 제게는 이렇게 보였습니다. 예루살렘의 증인은 아침 일찍 포도원에 들어온 품꾼, 유대의 증인은 오전 9시와 오후 12시 품꾼, 사마리아의 증인은 오후 3시 품꾼, 땅끝 증인인 우리는 오후 5시 품꾼으로 말이지요. 우리도 마지막 품꾼처럼 그저 감사했으면 좋겠다는 마음입니다.

당신도 혹시 자신이 오후 5시에 부름을 받은 품꾼일 수도 있다는 생각이 들지 않나요? 주인이 먼저 불러주지 않았다면 우리에게는 일할 기회가 주어지지 않았을지도 모릅니다. 천국은 순서와 상관없이 하나님의 전적인 은혜를 인정하며 감사하는 자의 것입니다.

# 심판은
# 너무하신 것
# 아니에요?

**누가복음 20장 9-18절**

그가 또 이 비유로 백성에게 말씀하시기 시작하시니라 한 사람이 포도원을 만들어 농부들에게 세로 주고 타국에 가서 오래 있다가 때가 이르매 포도원 소출 얼마를 바치게 하려고 한 종을 농부들에게 보내니 농부들이 종을 몹시 때리고 거저 보내었거늘 다시 다른 종을 보내니 그도 몹시 때리고 능욕하고 거저 보내었거늘 다시 세 번째 종을 보내니 이 종도 상하게 하고 내쫓은지라 포도원 주인이 이르되 어찌할까 내 사랑하는 아들을 보내리니 그들이 혹 그는 존대하리라 하였더니 농부들이 그를 보고 서로 의논하여 이르되 이는 상속자니 죽이고 그 유산을 우리의 것으로 만들자 하고 포도원 밖에 내쫓아 죽였느니라 그런즉 포도원 주인이 이 사람들을 어떻게 하겠느냐 와서 그 농부들을 진멸하고 포도원을 다른 사람들에게 주리라 하시니 사람들이 듣고 이르되 그렇게 되지 말아지이다 하거늘 그들을 보시며 이르시되 그러면 기록된 바 건축자들의 버린 돌이 모퉁이의 머릿돌이 되었느니라 함이 어찜이냐 무릇 이 돌 위에 떨어지는 자는 깨어지겠고 이 돌이 사람 위에 떨어지면 그를 가루로 만들어 흩으리라 하시니라

## 하나님의 은혜와 심판의 시간

이 장에서는 누가복음 20장 **포도원 주인과 농부의 비유**를 통해 하나님의 은혜와 심판의 시간을 주제로 이야기해보려 합니다. 먼저, 이 비유를 말씀하시게 된 배경을 알아보겠습니다.

누가복음 19장에서 예수님은 '열 므나 비유'를 말씀하신 후 예루살렘을 향하여 가십니다(28절). 그래서 19장 후반부의 말씀은 십자가를 지기로 결심하신 이후 예루살렘에 들어가셔서 하신 말씀입니다.

성전에 들어가사 장사하는 자들을 내쫓으시며 그들에게 이르시되 기록된 바 내 집은 기도하는 집이 되리라 하였거늘 너희는 강도의 소굴을 만들었도다 하시니라 **눅 19:45,46**

예수님이 십자가를 지시기 전에 장사하는 자들을 내쫓으시며 성전을 정화하셨을 때 제사장들과 서기관들은 무척 불쾌했을 것입니다.

이어지는 20장에서는 대제사장들과 서기관들과 지도자들이 예수님을 죽이려는 마음을 가지고 예수님에게 와서 "당신이 무슨 권위로 이런 일을 하는지 이 권위를 준 이가 누구인지 우리에게 말하라"(눅 20:2)라며 따집니다.

그런데 예수님은 그들의 물음에 대답하지 않으시고 오히려 그들에게 곤란한 질문을 던지십니다.

대답하여 이르시되 나도 한 말을 너희에게 물으리니 내게 말하라 요한의 세례가 하늘로부터냐 사람으로부터냐 눅 20:3,4

이 질문이 왜 그들을 곤란하게 했을까요? 당시의 바리새인들은 세례 요한을 무척 싫어했습니다. 사람들이 세례 요한에게로 몰렸기 때문입니다. 그래서 요한의 세례가 하늘로부터 왔다고 대답하면 "그러면 왜 너희는 세례 요한의 말을 듣지 않느냐"라고 질책받을 것이고 사람으로부터 왔다고 대답하면 세례 요한을 따르는 수많은 군중에게 돌로 맞을 상황입니다.

이 세례 요한이 전하던 메시지가 바로 심판에 관한 것이었습니다. 예수님도 이 **포도원 주인과 농부의 비유**를 통하여 우리에게 무척 중요한 '심판'에 대해 말씀하십니다.

이 비유는 오랫동안 '악한 포도원 농부의 비유'라는 제목으로 불렸습니다. 포도원을 갈취하려는 나쁜 농부들의 소행에 초점을 맞추어 비유를 보았기 때문입니다.

하지만 조금 깊이 묵상해보면, 이 비유는 '악한 농부'의 행위가 아니라 '참으시는 주인'의 성품을 말하고 있음을 알 수 있습니다. 악행을 저지른 농부들에게 충분히 보복할 수 있는 위치에 있는데도 인내하는 주인의 모습에서 마지막 때에 참으시는 하나님의 성품을 보게됩니다.

그래서 저는 이 비유를 '참으시는 주인의 비유'라는 또 하나의 제목으로 생각해보며, 악한 포도원 농부 아닌 '자비한 주인'의 관점에서 살펴보겠습니다.

## 자비한 주인이 삶을 흔들다

그가 또 이 비유로 백성에게 말씀하시기 시작하시니라 한 사람이 포도원을 만들어 농부들에게 세로 주고 타국에 가서 오래 있다가 때가 이르매 포도원 소출 얼마를 바치게 하려고 한 종을 농부들에게 보내니 농부들이 종을 몹시 때리고 거저 보내었거늘 **눅 20:9,10**

이 비유에서 말하는 '주인'은 바로 '하나님'이며, 포도원에 있는 농부들은 이스라엘 백성을 가리킵니다. 그리고 이 비유는 하나님께서 이스라엘에 행하신 일이 어떤 것인지를 설명합니다.

당시의 팔레스타인에는 소작농 제도가 있었습니다. 돈 많은 사람이 포도원을 만들면 그 포도원을 소작농에게 맡기는데, 4년 정도는 세를 받지 않고 유예해주었습니다. 4년 동안은 포도원의 소출이 많지 않았기 때문에 4년이 지난 다음 해에 세를 내라고 한 것입니다.

10절의 "때가 이르매"는 포도원을 맡기고 4년쯤 지나서 이제 소출을 거둘 수 있는 때가 되었다는 것입니다. 이런 문화로 미루어 볼 때 포도원 주인은 농부들에게 이미 많은 배려를 해주고 있었고, 이제 종을 보내어 세를 받는 것은 주인의 마땅한 권리였습니다.

그런데 농부들은 주인에게 포도밭의 소출을 준 것이 아니라 오히려 종을 때리고 쫓아냈습니다.

다시 다른 종을 보내니 그도 몹시 때리고 능욕하고 거저 보내었거늘 다시 세 번째 종을 보내니 이 종도 상하게 하고 내쫓은지라 눅 20:11,12

주인이 농부들에게 종을 보내는 것은 어떤 상황이며 이것을 우리 신앙에 어떻게 적용할 수 있을까요?

4년간의 유예 기간에 농사를 지으면서 아마도 농부들은 그 포도원을 마치 자신들의 것인 양 생각하고 있었을 것입니다. 그런데 주인이 포도원으로 종을 보냈을 때 그들의 일상은 깨지고 그들은 불편함을 느꼈을 것입니다. 여태껏 한 번도 소작료를 낸 적이 없었는데, 어느 날 갑자기 주인이 그들을 흔든 상황입니다.

이처럼 하나님이 우리의 일상을 깨고 흔드시는 때가 있습니다. 오스왈드 챔버스는 《거룩과 성화》(Our Brilliant Heritage)라는 책에서 이렇게 적었습니다.

"우리는 하나님께서 우리를 불안하게 만들지 않으시는 한 자신만의 특별한 종교적인 구획 내에서 멋지게 지낼 수 있다. 하나님께서는 가장 불편한 방법으로 어떤 사건을 대면하게 하심으로써 우리의 보금자리를 휘저으신다."

그저 편안하게 살아갈 수 있는 인생이었는데, 하나님이 우리의 삶을 휘저으시며 흔들어 놓으시는 그 순간은 우리 인생에서 마주해야 하는 중요한 순간일 수 있습니다.

혹시 당신이 삶이 흔들리는 경험을 하고 있다면, 이 장은 바로 당신에게 주시는 메시지입니다.

## "어찌할까"의 은혜

그런데 이 농부들은 하나님의 손길에 제대로 반응하지 못하고 오히려 그 주인이 보낸 종을 몹시 때리고(10절) 모욕했습니다. 다른 종을 보내었을 때도 그들을 몹시 때리고 능욕하고 거저 보냈으며(11절), 다시 세 번째로 종을 보냈을 때도 그 종을 상하게 하고 내쫓았습니다(12절).

종은 주인의 대리인입니다. 그러므로 그들은 그저 종을 능욕한 게 아니라 종을 보낸 주인을 능욕한 것입니다. 더군다나 단순히 돌려보낸 것도 아니고 내쫓았습니다. 이는 주인에게 무척이나 모욕적인 상황입니다.

본문의 이 상황은 이스라엘 백성을 향한 하나님의 말씀입니다. 출애굽 이후에 우상을 숭배하며 잘못 살던 이스라엘 백성에게 하나님은 끊임없이 선지자를 보내셨고 마지막 선지자로 세례 요한을 보내셔서 천국이 가까웠으니 회개하라고 경고하셨지만, 그들은 냉담했습니다. 바로 그 상황을 비유한 것입니다.

이제 주인에게는 단 한 사람만 남았습니다. 사랑하는 아들 곧 예수님입니다. 종들을 때린 농부들의 행동은 주인의 명예를 실추시키는 일이었고, 주인은 마땅히 명예를 회복하기 위해 농부들에게 벌을 내리는 것으로 일을 처리할 수 있었습니다. 하지만 주인은 오히려 아들을 보내어 한 번 더 은혜를 베풉니다.

> 포도원 주인이 이르되 어찌할까 내 사랑하는 아들을 보내리니 그들이 혹 그는 존대하리라 하였더니 **눅 20:13**

포도원의 주인은 세를 받을 정당한 권리를 가졌으므로 그들을 마땅히 꾸짖고 벌할 수 있었지만, 그는 권리를 심판에 쓰지 않고 그들을 용납하는 데 사용했습니다.

주인이 농부들을 심판하려는 마음보다 끝까지 관계를 회복하려는 마음으로 계속 종을 보냈듯 하나님은 이스라엘 백성에게 선지자들을 보내 기회를 주고 또 주셨습니다. 그리고 마침내 당신의 사랑하는 아들도 내주셨습니다. '아들'은 주인이 농부들에게 보여줄 수 있는 최후의 사랑이자 최대의 사랑이었습니다.

이 말씀을 묵상하는 중에 "어찌할까"라는 구절이 저에게 깊이 들어왔습니다. 주인은 지금 고민하는 것입니다. 사실, 주인이 고민할 만한 상황은 아닙니다. 법대로 정의를 실현하면 되기 때문입니다. 그런데도 주인은 고민하고 있습니다.

애정이 없으면 법대로 하겠지만, 그들에 대한 애정을 버리지 못하고 있기에 "어찌할까" 하며 고민하는 것입니다. 그 고민의 결과는 보복 대신 은혜를 베푸는 것이었습니다.

우리에 대해서도 하나님의 심판은 전혀 고민할 필요가 없는, 우리의 행위에 대한 보응입니다. 그러나 하나님이 그것을 참으며 어찌할까 고민하시는 이유는 우리를 사랑하는 마음과 회복시키고자 하는 마음으로 기다리시기 때문입니다.

그러나 악한 농부들은 주인의 사랑을 헤아리지 못했고, 욕심에 눈이 어두워서 주인의 아들까지 죽였습니다. 주인의 유일한 상속자인 아들을 죽이면 포도원을 자기들이 소유할 수 있을 것으로 생각했던 것입니다.

그런데 하나님은 왜 하나뿐인 아들을 무기력하게 보내셨을까요?

## 사랑하기 때문에 능력을 감추신다

〈어벤져스〉(The Avengers, 2012)라는 SF영화는 히어로들을 모아 지구를 구하는 내용입니다. 만일 예수님이 우리에게 그 영화에 나오는 히어로처럼 놀라운 능력을 주셨다면 이 땅에 살아남을 수 있는 인간은 아무도 없을 것입니다. 각자가 생각하는 대로 정의로운 힘을 남발한다면 결국은 모두가 죽게 될 것이기 때문입니다.

예수님은 힘과 능력을 가지셨지만 그것을 우리를 심판하는 데 쓰지 않고 감추어 무력하게 되셨습니다. 사람들은 예수님이 인류의 죄를 대속하기 위해 십자가에 달리시는 그 순간에도 "네가 하나님의 아들이면 십자가에서 내려와 봐라!" 하면서 그분을 조롱했지만, 예수님은 끝까지 십자가 위에서 무기력하게 죽으셨습니다. 우리를 향한 심판이 아니라 우리를 위한 구원의 메시지를 십자가 위에서 주신 것입니다.

예수님의 위대함은 그 능력의 드러남이 아니라, 사랑하기 때문에 그 능력을 감추시는 데 있습니다. 예수님은 하나님의 아들임을 증명하기 위해 능력을 사용하지 않으셨고, 십자가에서 죽는 순간에도 쓰지 않으셨습니다. 사랑하기 때문에 그 능력을 드러내지 않고 십자가에 묵묵히 달리신 것입니다.

〈개그콘서트〉의 한 코너에서 본 내용입니다. 한 남자가 DJ 다방에 들어갔다가 한 여자를 보고 첫눈에 반합니다. 그는 그녀에게 꽃다발을 주면서 사랑을 고백하지만 여자는 아무 반응도 보이지 않습니다.

화가 난 남자는 "내가 어떻게 해야 이 사랑을 받아주겠느냐"라고 따져 묻습니다.

사실 그녀는 듣지 못하고 말도 하지 못하는 사람이었습니다. 뒤늦게 그 사실을 알게 된 남자는 꽃다발을 던져버리며 밖으로 뛰쳐나갑니다. DJ 다방의 주인인 그녀의 오빠가 상처받은 여동생을 위로합니다. 그동안 많은 남자가 사랑을 고백했지만, 듣지도 말하지도 못하는 그녀의 상태를 알고는 모두 떠나갔던 것입니다.

시간이 흐른 후 주인공 남자가 다시 꽃다발을 들고 나타나 그녀를 향해 노래를 부르기 시작합니다. 그런데 입으로가 아니라 수화로 자신의 마음을 표현합니다. 이 남자가 여자를 떠나 오랫동안 돌아오지 않은 것은 듣지 못하는 그녀에게 사랑을 표현하기 위해 수화를 배우고 있었기 때문입니다.

저는 이 코너를 보면서 예수님의 사랑을 느꼈습니다. 예수님은 우리에게 무관심하거나 냉담하지 않으시고 우리를 사랑하셨기 때문에 우리가 생각할 수 없는 방식으로 우리에게 오셨습니다. 전능하신 그분이 우리를 사랑하셔서 친히 인간이 되어 다가오신 것입니다.

이렇듯 주인이 사랑으로 은혜를 베풀고 몇 번씩이나 종을 보내어 돌이킬 기회를 주었는데도 이 농부들은 결국 주인의 아들을 죽이는 악행을 저질렀습니다. 바로 이러한 행동에 대하여 예수님은 묻고 계십니다.

"그런즉 포도원 주인이 이 사람들을 어떻게 하겠느냐?"

상식적으로 생각할 때, 어떻게 하는 것이 마땅한 행동일까요? 그리고 하나님께서 어떤 일을 행하셨을까요?

## 마땅히 해야 할 일의 결과

와서 그 농부들을 진멸하고 포도원을 다른 사람들에게 주리라 하시니 사람들이 듣고 이르되 그렇게 되지 말아지이다 하거늘 눅 20:16

마땅히 그들에게 심판이 임할 것인데, 사람들은 "그런 일이 일어나면 안 됩니다"라고 말합니다. 그들은 마땅한 일을 마땅치 않게 여기고 있습니다. 마땅히 심판을 받아야 하는 그들이 그 심판을 마땅치 않다고 이야기하는 데 이 장의 핵심이 있습니다.

우리가 하나님의 심판을 이야기할 때 믿지 않는 사람들은 대개 "사랑의 하나님이 인간을 지옥으로 보내는 것은 사랑이 아니라 무자비한 것 아니냐?"라고 합니다. 그런 분들에게 묻고 싶습니다. 포도원의 주인이 자기 아들을 죽인 농부들을 심판하는 것이 무자비한 일인가요?

그렇지 않습니다. 그것은 공의로운 일입니다. 오늘날 우리의 문제는 마땅한 심판을 마땅치 않다고 생각하는 것입니다. 하나님이 우리를 심판하시겠다고 하는 이 구속의 역사, 즉 마지막 심판에 관한 이야기는 무자비한 심판의 이야기가 아니라 오래도록 참으신 하나님의 인내와 사랑의 이야기입니다.

종들을 계속 때리고 내쫓은 것으로도 부족해서 아들까지 죽인 농부들을 심판하겠다고 할 때 누가 이 주인을 악하다고 말하겠습니까? 오히려 아들을 죽인 농부들을 용서하는 주인에 대해 "왜 그렇게 무기력하고 공의롭지 못합니까?"라고 이야기하지 않을까요?

그러나 포도원의 주인은 아들을 죽인 악한 농부들에게 마땅한 심판을 내리지 않고 마땅하지 않은 은혜를 베풀고 있습니다. 주인의 사랑이 아니고서는 결코 일어날 수 없는 일입니다.

한 심리학자가 어느 동네의 한 구역을 택해서 각 집에 매일 100달러씩 갖다 놓고 그 결과를 관찰했습니다. 사람들은 그가 미친 사람 아닌가 의아해하면서도 슬그머니 돈을 집어갔습니다.

사흘이 지나자 돈을 집 앞에 놓고 가는 사람 이야기로 동네가 떠들썩했습니다. 둘째 주쯤 되자 현관 앞에 나와 돈을 기다리는 사람이 있었고, 셋째 주쯤 되자 돈을 받는 것을 이상해하지 않았고, 넷째 주가 되었을 때는 아주 당연한 듯이 돈을 집어갔습니다.

실험 기간인 한 달이 지나자 심리학자는 돈을 집 앞에 놓지 않고 그냥 동네를 지나갔습니다. 그러자 사람들은 매우 불쾌해하며 "왜 오늘은 안 주고 가느냐?"라며 따졌습니다.

은혜가 은혜로 느껴지지 않을 때, 하나님이 주신 마땅하지 않은 은혜에 감사하지 않고 당연한 것으로 받아들일 때 사람은 악한 존재가 됩니다. 마땅하지 않은 은혜를 마땅하다고 여길수록 심판의 자리에

점점 가까이 가는 것입니다.

하나님을 대적한 피조물이 심판을 받아 진멸되는 것은 정당한 일입니다. 그런데도 하나님은 인간의 조롱과 반항을 오래 참고 기다리셨으며 계속해서 선지자를 보내 회개할 기회를 주셨습니다. 그 사랑이 이 말씀에 정확하게 나와 있습니다.

> 하나님이 세상을 이처럼 사랑하사 독생자를 주셨으니 이는 그를 믿는 자마다 멸망하지 않고 영생을 얻게 하려 하심이라 요 3:16

이 사랑을 거부하는 것은 하나님의 마지막 프러포즈를 거부하는 것입니다. 하나님은 마땅한 심판을 행하지 않고 예기치 않은 은혜를 베풀어주셨습니다. 하나님의 은혜는 그분의 인내를 통해 우리에게 끊임없이 주어져 왔습니다. 그런데 하나님의 인내가 어떤 사람에게는 은혜가 되고, 어떤 사람에게는 무서운 심판이 됩니다. 하나님의 인내와 은혜는 무서운 심판의 이면이기 때문입니다. 예수님은 마지막 심판이 임한다는 것을 분명하게 말씀하고 계십니다.

## 구원의 초석이 되신 예수님

그들을 보시며 이르시되 그러면 기록된 바 건축자들의 버린 돌이 모퉁이

의 머릿돌이 되었느니라 함이 어찜이냐 무릇 이 돌 위에 떨어지는 자는
깨어지겠고 이 돌이 사람 위에 떨어지면 그를 가루로 만들어 흩으리라
하시니라 눅 20:17,18

히브리어로 아들은 '벤'이고 돌은 '에벤'이라고 하는데, 그 발음의
음률이 유사합니다. 예수님이 "건축자의 버린 돌"이라고 말했을 때
히브리인들은 분명히 '아들'이라는 단어를 떠올렸을 것입니다. "건축
자의 버린 돌", 즉 죽임당한 예수님이 머릿돌이 되었다는 말은 예수
님이 구원의 초석이 되셨다는 뜻입니다.

이 구절은 구원의 초석인 예수님이 모퉁이의 머릿돌로 다시 서시는
그날, 예수님을 부인하고 배척한 자들은 하나님의 심판을 피할 수 없
음은 물론, 오히려 그가 깨어질 거라는 경고입니다.

"사람 위에 떨어진다"라는 것은 사람들이 그리스도의 심판을 받으
면 멸망한다는 뜻입니다. 이어지는 "가루로 만들어 흩으리라"라는 말
씀은 그 심판이 얼마나 무섭고 엄중한지를 보여줍니다.

이 말씀은 무서운 심판의 말씀인 동시에 하나님의 은혜로 초대하
는 말씀입니다. 그러나 누구도 하나님의 은혜에서 제외되지는 않지
만, 모두가 그 은혜를 자기 것으로 만드는 것은 아닙니다.

예수님이 재림과 죽음에 대해 말씀하신 것은 너희가 준비하지 않
으면 하나님의 은혜와 인내하심이 무서운 심판으로 임할 것이라며 겁
을 주시려는 의도가 아닙니다.

삶을 뒤흔들고 휘저으시는 하나님의 역사가 당신에게 일어나고 있다면, 그것은 하나님이 당신에게 묻고 계신 것입니다. 심판과 재림에 대한 메시지는 단순히 죽음에 대한 이야기가 아니라, 오늘을 살아가는 우리에게 "어떻게 하면 참된 신앙인으로 살 것인가"를 물으시는 것임을 꼭 기억하시기 바랍니다.

나 같은 죄인에게 하나님이 마땅하지 않은 은혜를 베풀어주셨는데 그 은혜를 잊고 또다시 죄를 지으면 되겠습니까? 우리의 죄에도 불구하고 하나님의 은혜를 경험했다면 더 이상 죄에 빠져서는 안 됩니다. 그 은혜를 당연하게 여겨서도 안 됩니다.

하나님의 은혜가 우리에게 임한다고 해서 방심하면 안 됩니다. 마땅하지 않은 은혜를 감사히 여기며 하나님 앞에서 부끄럽지 않은 사람이 되십시오. 하나님의 심판이 임할 날이 반드시 옵니다.

제 마음에 소원이 있습니다. 제가 죽고 장례식장에 영정사진이 놓일 때, 우리 교인들이 그 사진을 보면서 "아, 우리 목사님…" 하고 눈물 흘릴 수 있다면 더 바랄 게 없을 것 같습니다. 좋은 목사로 기억되는 삶을 살 수 있다면 참 좋겠습니다. 하나님 앞에서 부끄럽지 않은 목사로 기억되면 좋겠습니다.

이 책을 읽는 당신 또한 하나님과 사람에게 "하나님의 사람답게 잘 살았다"라고 인정받는 사람이 되시기를 주님의 이름으로 축복합니다.

# 바로 이것이
# 하나님의
# 마음이셨군요!

누가복음 15장 4-10절

너희 중에 어떤 사람이 양 백 마리가 있는데 그중의 하나를 잃으면 아흔아홉 마리를 들에 두고 그 잃은 것을 찾아내기까지 찾아다니지 아니하겠느냐 또 찾아낸즉 즐거워 어깨에 메고 집에 와서 그 벗과 이웃을 불러 모으고 말하되 나와 함께 즐기자 나의 잃은 양을 찾아내었노라 하리라 내가 너희에게 이르노니 이와 같이 죄인 한 사람이 회개하면 하늘에서는 회개할 것 없는 의인 아흔아홉으로 말미암아 기뻐하는 것보다 더하리라 어떤 여자가 열 드라크마가 있는데 하나를 잃으면 등불을 켜고 집을 쓸며 찾아내기까지 부지런히 찾지 아니하겠느냐 또 찾아낸즉 벗과 이웃을 불러 모으고 말하되 나와 함께 즐기자 잃은 드라크마를 찾아내었노라 하리라 내가 너희에게 이르노니 이와 같이 죄인 한 사람이 회개하면 하나님의 사자들 앞에 기쁨이 되느니라

## 나의 불편함이 다 옳은 건 아니다

길지 않은 목회의 여정 가운데 제게는 해결하지 못한 부담감들이 있습니다. 젊은 시절, 저는 목회를 하며 특히 정의에 대해 많이 생각했고, 완전할 수는 없어도 그렇게 살려고 노력했습니다.

군목 시절에 한번은 대대의 주임 상사 한 명이 병사들이 먹을 부식을 빼돌리고 있다는 사실을 알게 되었습니다. 분노한 저는 지휘관에게 그 일을 보고했고, 그 사람은 보직 해임이 되었습니다.

물론 저는 불의한 일을 하지 않았습니다. 그런데 오랜 시간이 지나 가만히 생각해보니, 그 사람을 하나의 인격과 한 가정의 가장으로 보려는 따뜻한 마음이 없이 단죄했던 그때의 제 모습이 마음에 부담이 되었습니다.

그 일 외에도, 아무리 생각해도 제가 잘못한 것은 없는데 마음이 편치 않은 일들이 있습니다. 옳은 일을 한다면서 누군가의 마음을 헤아리지 못했던 정의감 때문인 것 같습니다. 누군가의 마음을 배려하지 못하는 정의감이 얼마나 유치할 수 있는지 모릅니다.

하나님의 마음을 상실한 정의로운 일들이 그렇게 정의롭지만은 않을 수 있는 것 같습니다. 다른 사람의 마음을 아프게 하는 일들이 많이 없어지면 좋겠습니다. 옳은 일을 유익하게 행하는 일이야말로 점점 성숙해가는 그리스도인들이 고민해야 할 일일 것입니다.

옳은 일을 행하고도 마음이 편치 않은 이유는 내 마음대로 행한 일이기 때문은 아닐까요? 그러니 정의로운 일을 행하고도 왠지 마음이 편치 않다면, 내 안에 하나님의 마음이 있는지를 한 번쯤 생각해보면 좋겠습니다.

이 책을 읽어오면서, 예수님이 비유를 통해서 우리 생각과 하나님의 생각이 얼마나 다른지를 말씀하고 계신다는 것을 느끼셨나요? 우리가 하나님의 마음을 헤아리고 그 마음이 어떤 마음인지를 생각할 수 있다면 좋은 그리스도인이 될 수 있을 것 같습니다.

이번 장에서는 잃은 양의 비유와 잃은 드라크마의 비유를 살펴볼 텐데, 우리 마음의 불편함과 우리 생각이 다 옳은 것은 아닌 것 같다는 이 지점에서 출발하겠습니다.

살다 보면, 어떤 사람이 너무 힘들고 보기도 싫은데 그 사람과 함께 뭔가를 해야 하는 상황에 놓이기도 합니다. 사회는 물론이고, 교회에서도 마찬가지입니다. 이 두 비유는 죄인들이 잔치 자리에 함께하는 것 때문에 마음이 불편해진 바리새인과 서기관들이 예수님에게 불만을 제기하면서 시작됩니다.

시대 배경을 이해하면 예수님이 말씀하시는 의도를 제대로 파악할 수 있을 것 같습니다. 당시 중동지방의 상류층 사람들은 가난한 사람들을 돕는 것이 일상화되어 있었고 얼마든지 도울 수 있었지만 잔치 자리에 함께하지는 않았습니다.

잔치 자리에 함께한다는 것은 내가 너희들을 받아들인다는 의미였기 때문에 도움을 주는 것과는 별개로 잔치 자리에는 아무나 초대하지 않았다고 합니다. 누군가를 돕는다는 율법적인 의식과 그 사람을 내 잔치 자리로 불러들이는 것은 다른 차원의 문제였던 것입니다.

## 나와 다른 것 때문에 화가 난다

모든 세리와 죄인들이 말씀을 들으러 가까이 나아오니 바리새인과 서기관들이 수군거려 이르되 이 사람이 죄인을 영접하고 음식을 같이 먹는다 하더라 눅 15:1,2

"이 사람(예수님)이 죄인을 영접했다"라고 한 것을 보니, 예수님이 손님으로 초대받아 잔치에 참석한 것이 아니라 잔치의 주최자가 되어서 세리와 죄인들을 영접한 것 같습니다.

그것을 지켜보던 바리새인과 서기관들은 화가 났습니다. 왜일까요? 대개 우리를 화나게 하는 요인은 '틀린' 것들보다 우리와 '다른'

것들입니다. 죄인을 영접하는 예수님의 행동이 틀리거나 잘못돼서가 아니라 자기들의 율법, 신앙의 습성과 달라서 화가 난 것입니다.

살다 보면 인간관계 때문이든 교회의 어떤 일 때문이든 마음이 불편하고 화가 날 때가 있습니다. 이때는 그 일이 정말로 틀린 일이고 하나님의 뜻에 어긋나서 화가 나는 것인지, 아니면 내 생각과 다른 것 때문에 '내가 불편하다고 느껴서' 화가 나는 것인지 구분해야 합니다. 이 구분이 되지 않으면 우리는 율법학자와 바리새인들과 다르지 않고 똑같은 범주에 들어가는 사람일 뿐입니다.

예수님은 수군거리는 그들에게 두 비유를 말씀하시는데, 그중 **잃은 양의 비유**에 등장하는 인물은 목자이고 **잃은 드라크마의 비유**에 등장하는 인물은 여자입니다. 이 바리새인들과 서기관들을 더욱 불편하게 만든 이유가 이것입니다.

목동이던 다윗이나 양을 치던 모세만 봐도 알 수 있듯이 구약시대의 목자는 좋은 직업에 속했습니다. 에스겔서에서도 백성을 다스리는 왕을 목자로 비유했을 만큼 구약시대에는 목자의 이미지가 좋았는데 신약시대로 넘어오면서 달라졌습니다.

바리새인과 율법학자들은 '율법과 안식일을 지킬 수 있느냐, 없느냐'로 좋은 직업의 기준을 정했습니다. 매일 양을 돌보고 이리저리로 옮겨 다녀야 하는 목자는 안식일을 제대로 지킬 수 없었기 때문에 율법적으로 옳지 않은 부도덕한 직업으로 평가되었습니다.

또한 신약시대에는 어떤 비유를 들어서 이야기할 때 여자를 중심

소재로 삼지 않았다고 합니다. 사회 분위기상 여자는 비유의 주인공이 될 수 없었기 때문입니다. 그런데 예수님은 그들에게 목자와 여인을 비유에서 말씀하시는 것입니다.

게다가 "너희 중에 어떤 사람이 양 백 마리가 있는데"라며 말씀을 시작하십니다. 이것은 바리새인과 서기관들에게 "너희 중에 한 사람을 목자라고 가정해보자"라고 하시면서 그들이 경멸하거나 받아들이기 힘들어하는 '목자와 여자'라는 부류에 의도적으로 그들을 대입하여 비유를 풀어가시는 것입니다. 즉, "너희가 경멸하는 그 사람이 바로 너희다"라는 것입니다.

예수님이 바리새인과 서기관을 그들이 싫어하는 부류에 넣고 "너희도 포함된다"라고 하신다면, 이 말씀을 대하는 우리는 "그렇습니다, 주님. 저도 그중의 하나가 되어서 이 말씀을 듣겠습니다" 하는 것이 예수님의 말씀을 제대로 경청하는 태도일 것입니다.

## 끝까지 찾으시는 아버지의 마음

잃은 양과 잃은 드라크마의 비유에는 두 가지 공통점이 있습니다. 첫 번째 공통점은 "찾아내기까지"라는 말입니다.

너희 중에 어떤 사람이 양 백 마리가 있는데 그중의 하나를 잃으면 아흔아홉 마리를 들에 두고 그 잃은 것을 <u>찾아내기까지</u> 찾아다니지 아니하

겠느냐 **눅 15:4**

어떤 여자가 열 드라크마가 있는데 하나를 잃으면 등불을 켜고 집을 쓸
며 <u>찾아내기까지</u> 부지런히 찾지 아니하겠느냐 **눅 15:8**

비유에서 말하는 목자와 여인은 "너희 중에"라고 하는 바리새인과
율법학자를 지칭하는 한편, 잃은 것을 찾는 아버지를 나타내기도 합
니다. 두 비유 모두 잃은 것을 찾아내기까지 끝까지 찾으시는 아버지
의 마음을 말씀하시는 것입니다.

영화 〈퍼블릭 에너미〉(Public Enemies, 2009)의 주인공인 존 딜린저
는 은행강도입니다. 1930년대 미국의 경제공황 시절, 대중은 은행의
잘못으로 경제공황이 왔다고 생각했기에 은행을 터는 존 딜린저를
영웅시했습니다. 그러나 그는 1934년에 FBI와 총격전을 벌이던 끝에
결국 사망했습니다.

이 영화를 보고 존 딜린저가 궁금해져서 어떤 사람인지 찾아보다
가 그의 일화를 읽게 되었습니다. 젊은 시절 한 교회의 부흥회에 참
석했던 그는 은혜를 받고, 기도 받을 사람을 강대상으로 초청하는
알터콜(altar call)에 응하여 앞에 나와서 무릎을 꿇었다고 합니다.

그런데 당시 전과가 있고 문제아로 소문난 그에게는 다가가서 기
도해주는 사람이 아무도 없었습니다. 이에 분노한 그는 교회 밖으로
뛰쳐나와 허공에 대고 "다시는 교회에 가지 않겠어!"라고 고함쳤다고

합니다. 그는 잃은 양이었지만 아무도 그를 찾지 않았고, 결국 끝까지 잃은 양과 잃어버린 드라크마로 남겨졌습니다. 교회에 나가지 않은 것이 중요한 게 아닙니다. 끝내 잃은 양, 잃어버린 동전으로 남아 있었다는 것입니다.

자비함이 없으니 기쁨도 없습니다. 잃은 양을 찾지 못했으니 함께 누릴 기쁨이 없습니다. 타인에 대한 자비와 관심이 없으니 그 사람을 찾는 기쁨도 존재하지 않았던 것입니다.

이 일화는 하나님이 오늘날의 교회를 향해서 하시는 말씀입니다. 하나님이 찾으려고 하는 그 사람들, 그 잃은 양을 우리는 끝까지 잃은 양으로 남겨놓고 있지는 않습니까? 우리는 하나님께 여쭈며 되돌아봐야 합니다.

"하나님, 저와 우리 교회가 놓치고 있는 잃은 양은 누구일까요? 제가 신경 쓰지 못한 그 잃은 양은 누구인가요?"


## 되찾은 기쁨

두 번째 공통점은 되찾은 기쁨에 관해 말한다는 것입니다. 가치 있고 값비싼 것을 잃어버렸다가 되찾았다면 기쁨이 크겠지만, 이 두 비유에 나오는 양 한 마리와 드라크마 한 개는 그다지 값비싼 것이 아닙니다. 그런데 잃은 것을 찾으시는 아버지의 마음을 이야기하는 두 비유에 동일하게 "나와 함께 즐기자"라는 표현이 등장합니다. 기쁨을 '함께'한다는 것입니다.

> 집에 와서 그 벗과 이웃을 불러 모으고 말하되 나와 함께 즐기자 나의 잃은 양을 찾아내었노라 하리라 눅 15:6

> 또 찾아낸즉 벗과 이웃을 불러 모으고 말하되 나와 함께 즐기자 잃은 드라크마를 찾아내었노라 하리라 눅 15:9

예수님이 이 땅에 오신 목적은 자신과 '어울릴 수 있는' 사람이 아니라 '어울릴 수 없는' 사람을 찾아가시기 위해서였습니다. 그분은 자격 없는 자를 자격 있는 자로 만드시고, 그들과 함께하기를 기뻐하셨습니다. 그 기쁨을 나와 함께 누리자고 하시는데, 그 잔치에 참여한 바리새인과 서기관들에게는 그럴 마음이 없었습니다.

우리도 어떤 공동체나 소모임에 참여할 때 저 사람이 나와 어울릴 수 있는 사람인지 생각하지 않나요? 목회자인 저 역시 같은 우를 범하고 있었습니다. 교회에서 공동체나 소그룹을 새로 만들 때, 그들이 함께 모이고 어울릴 수 있는 사람인지 잘 살펴서 만들어주도록 교역자들에게 당부했던 것입니다.

우리끼리만 어울리고 특정인만 교제하는 소그룹이 잘 운영된다고 해서 과연 하나님이 기뻐하실까요? 그 모임이 하나님의 마음에 맞는 모임일까요? 예수님을 믿는다면서도 저 사람이 나와 어울릴 자격이 있고 없고를 내 기준에서 판단하고 규정한다면, 예수님이 질책하시는 바리새인과 똑같은 사람일 것입니다. 우리가 어울릴 자격이 없는 사람들과 함께 어울릴 수 있을 때, 하나님께서 기뻐하십니다.

한 목사님이 제주도에서 열린 교단 주최 모임에 참석했는데 전에 자기를 참 힘들게 했던 목사님을 거기서 만났다고 합니다. 불편한 마음으로 며칠을 보내고 돌아오는데, 하필 같은 비행기를 타게 되어 어쩔 수 없이 공항에서 함께 대기하게 되었습니다.

그때 하나님이 '(네가 불편하게 생각하는) 저 사람에게 좋은 것을 선물해주어라'라는 마음을 주셔서 그를 데리고 면세점에 들어가서 가장 비싼 가방을 사주었습니다. 그러고 나서 비행기를 탔는데 그렇게 오랫동안 불편했던 마음이 사라지고, '내가 잃어버렸던 한 사람을 되찾았구나. 한 사람을 얻는 방법이 있었구나' 깨달아 큰 기쁨을 누리는 놀라운 경험을 했다고 합니다.

> 내가 너희에게 이르노니 이와 같이 죄인 한 사람이 회개하면 하늘에서는
> 회개할 것 없는 의인 아흔아홉으로 말미암아 기뻐하는 것보다 더하리라
> **눅 15:7**

예수님은 잃은 양, 즉 잃어버린 한 영혼이 돌아오는 기쁨을 함께 누리자고 우리에게 말씀하십니다. 하나님 아버지의 기쁨은 '한 사람'이 회심하여 하늘나라에 오는 것입니다. 그것이 하늘나라에서는 가

장 큰 기쁨입니다.

하지만 하나님의 기쁨과 우리의 기쁨이 같지 않다는 것이 문제입니다. 하나님의 마음과 우리 마음이 같지 않다는 것은 참으로 심각한 문제입니다.

## 돈보다 중요한 본질적인 가치

한 드라크마는 로마의 화폐단위이며 일꾼의 하루 품삯인 '한 데나리온'과 같은 가치를 가지고 있었습니다. '열 드라크마 중에 잃어버린 한 드라크마를 찾는 게 뭐가 그렇게 중요한 일인가. 불을 켜고 찾을 만한 가치가 있나?' 하는 사람도 있겠지만, 여기서 말하는 '열 드라크마'는 돈을 의미하는 것이 아닙니다.

'열 드라크마'는 한 세트로, 신랑이 신부에게 청혼하면서 주는 특별한 정표의 돈이라고 합니다. 이는 일평생 한 여자만을 사랑하겠다는 의미를 내포하고 있습니다.

단순히 동전 열 개를 의미하는 것이 아니며 그중 하나라도 빠지면 세트가 완성되지 않았습니다. 그런 의미에서 잃은 드라크마 하나는 돈 이상의 가치를 가집니다. 잃은 것을 찾으려고 애쓰는 이유는 '온전함'을 찾아 채우려는 노력과 의도입니다.

예수님은 잃은 드라크마의 비유를 통해 "너희는 참 많은 것을 경제적 가치로만 생각하지 않니? 그런데 나는 너희가 경제적인 가치로 보지 않았으면 좋겠구나. 이것은 경제적인 것과는 또 다른 본질적인 가치를 이야기하고 있는 것이란다"라고 우리에게 말씀하십니다.

어쩌면 잃은 양 한 마리를 찾는데 더 큰 비용과 수고가 들지 모릅니다. 경제적 가치로만 생각한다면 잃은 양 한 마리는 찾지 않는 것이 훨씬 현명한 일일지도 모릅니다. 그러나 우리 인생에는 경제적 가치와 현명함으로 설명할 수 없는 일들이 많이 있습니다.

또한 잃은 양 한 마리와 잃은 드라크마 하나를 찾았다고 잔치를 여는 일은 어떻습니까? 배보다 배꼽이 더 큰 셈이니 경제적인 면에서 볼 때는 현명하지 않습니다. 하지만 예수님은 다른 의미의 기쁨이 있다고 말씀하십니다.

우리 인생에는 돈으로 설명할 수 없는 것이 많이 있습니다. 예를 들면 어린이들에게 '애착 인형' 같은 것이 있습니다. 사실 새것으로 하나를 사는 게 더 나은데, 굳이 돈을 들여 고쳐야 하는 것들 말입니다. 또 가족처럼 사랑하며 키운 개나 고양이가 아플 때, 몇 마리를 더 살 수 있는 큰 비용을 들여서 치료하는 것도 그렇지요.

하나님도 우리를 돈의 가치가 아닌 영원의 가치로 바라보십니다. 만일 우리가 십자가 사건을 경제적 관점에서 보려고 한다면, 하나님이 우리를 사랑하셔서 그분의 독생자를 보내셨다는 것을 도저히 이해할 수 없을 것입니다.

그것은 하나님께서 '나'라는 가치를 엄청나게 생각하신다는 것입니다. 나 같은 존재 하나가 회개하고 하나님께로 돌아오는 것의 가치를 그렇게 굉장하게 생각하신다는 것입니다.

이처럼 잃어버린 드라크마와 양을 되찾은 이들이 벗과 이웃을 불러 잔치를 연다는 것은 손해를 보상하고도 남는 더 큰 기쁨이 있다는 말입니다. 돈으로는 설명할 수 없는, 세상의 가치로 설명할 수 없는 큰 기쁨이 있었던 것입니다.

예수님이 전해주고 싶어 하시는 하나님의 마음은 세상적인 돈의 가치가 아니라 '하나님의 큰 기쁨에 너희도 동참하면 좋겠다'라는 것임을 기억하시기 바랍니다. 하나님이 기뻐하시는 일에 우리가 함께 기뻐하는 것이 진짜 신앙의 가치입니다.


## 목자는 양을 숫자로 생각하지 않는다

잃은 양도 잃은 드라크마도, 잃은 양이 찾아온 것이 아니며 잃어버린 드라크마가 저절로 찾아진 것도 아닙니다. 주인이 끝까지 찾아 나선 덕분에 되찾을 수 있었습니다. 우리가 하나님께 돌아오고 회개할 수 있었던 것은 우리 노력이 아니라 하나님이 우리를 포기하지 않고 끝까지 찾아주셨기 때문입니다.

가끔 이 비유를 읽고 "목자가 잃은 양 한 마리를 찾아서 떠나면 남은 양 아흔아홉 마리는 어떻게 하라는 겁니까?"라고 질문하는 분이 있습니다. 그 질문은 본질에서 벗어난 것입니다. 예수님이 말씀하시려는 포인트를 제대로 알아야 신앙이 올바르게 세워집니다.

예수님이 잃은 양 한 마리를 찾으러 가신다는데, 왜 남은 아흔아홉 마리를 걱정하십니까? 그러지 마세요. 예수님의 마음은 남겨진 아흔아홉 마리 양에 관한 것보다 잃은 양 한 마리를 찾아 헤매는 아버지의 마음을 말씀하고 싶으신 것입니다.

효율성을 강조하는 세상에 사는 사람에게 목자의 마음과 아버지의 마음은 전혀 가치가 없어 보일지도 모릅니다. 모든 것을 경제적 논리로 평가하는 세상에서는 한 마리의 양을 찾기 위해 아흔아홉 마리의 양을 놔두는 것이 도무지 이해되지 않을 것입니다.

그러나 '한 생명'을 귀하게 여기고 그 생명을 구원하기를 원하시는 하나님의 마음은 '효율성'으로 평가할 수 없습니다. 어떤 희생을 치르더라도 찾아오고야 마는 그 마음이 바로 하늘 아버지의 마음입니다.

다윗이 목동으로 있던 시절, 그는 곰과 사자를 만나면 목숨을 걸고 싸워서 자신의 양들을 지켜냈습니다. 형들은 하찮게 여겼을 그 일을 묵묵히 해냈고, 하나님은 그런 다윗을 그분의 마음에 합한 자로 여기셨습니다. 아무도 보지 않는 곳에서 자신에게 주어진 양을 돌보는 다윗의 태도와 품성을 귀하게 보신 것이죠.

예수님은 요한복음 10장의 '선한 목자의 비유'에서, 선한 목자는 그 양의 이름을 알고, 양은 목자의 음성을 듣고 따른다고 했습니다. 목자에게 양은 '숫자'가 아니라 '이름' 즉, '인격'이라는 말입니다. 예수님이 양을 찾아 떠나실 때는 단순히 잃어버린 한 마리가 아니라 찾지 않으면 죽을 수밖에 없는 영원한 인격을 찾아가신 것입니다.

양은 약하고 무력합니다. 목자가 찾지 않으면 돌아가지 못하고 거기서 굶어 죽든지 맹수에게 잡아먹힐 수밖에 없는 존재입니다. 쓸모없고 저주받은 인생처럼 보이는, 그 죄인처럼 보이는 우리의 인생에 예수님이 친히 찾아오신 이유가 바로 이것입니다.

제 발로 찾아올 수 있는 능력이 없기에 목자가 찾으러 오지 않으면 영원히 돌아올 가능성이 없는 양. 그래서 회개의 은혜는 우리의 능력이 아니라, 그분이 우리를 찾아주셨기에 발견되는 은혜입니다.

## 예배, 교회 안에서도 교회 밖에서도

예수님은 바리새인과 서기관들에게 이 비유를 말씀하시면서 그 잃은 양과 잃은 드라크마가 "바로 너희"이고, 너희 모두 구원받아야 할 대상이라고 말씀하십니다.

"우리는 다 양 같아서 그릇 행하여 각기 제 길로 갔거늘"(사 53:6)이라는 말씀처럼 그들도 모두 돌아와야 할 대상이지만 그들은 자기가 회개할 그 사람이라고 생각하지 않았습니다. 정말 힘든 것은 죄인이 회개하는 것보다 의인이라고 생각하는 사람이 회개하는 것입니다.

그런 바리새인과 서기관들을 보며 우리는 '나를 가리켜서 하시는 말씀은 아니겠지?'라고 생각할지 모르지만, 우리를 가리켜서 하시는 말씀입니다. 우리끼리만 예수 믿으면 좋겠고 우리끼리만 신앙의 공동체를 가지면 좋겠고 우리끼리만 무언가를 하고자 한다면 그들과 다를 바 없습니다.

말씀을 살아내는 것은 쉽지 않은 일입니다. 때로 하나님의 말씀이 삶 속에 적용되기 시작할 때 마음이 불편해지기도 합니다. '우리'라고 생각하지 않았던 이들과 함께 기뻐하는 것은 어려운 일이기 때문입니다. 그러나 저들이 우리의 기쁨이 될 때 하나님도 기뻐하신다는 것을 아는 그것이 진짜 복음이고 신앙의 본질입니다. 그래서 하나님을 만난 사람들은 그분의 마음을 알기에 잃어버린 한 마리 양을 찾아나서는 것입니다.

제가 교회를 개척했을 때, 말씀을 전하기 위해 강단에 올라가면 어떤 교인이 왔는지 안 왔는지 한눈에 보였습니다. 항상 같은 자리에 앉아 있던 교인이 안 보이면 설교하는 내내 '왜 안 오셨지? 무슨 일이 있으신가?' 하면서 그 한 사람의 빈자리를 바라보며 가졌던 그때의 마음이 기억납니다.

교회가 커지고 많은 사람이 모여서 예배드리는 것은 나쁜 게 아니지만, 많은 사람이 함께 예배드리면서 가져야 하는 그 마음을 잃어버린 것은 잘못입니다. 그것이 바로 우리가 기쁨을 상실한 이유입니다. 잃은 양을 찾기 위해 헌신하고 애써야 하는데도 그 일 자체를 하지 않으니, 잃은 양을 찾았을 때의 기쁨도 상실하게 되고 어느새 바리새인처럼 돼버린 것입니다. 지금 그 마음을 잃어버린 우리에게 예수님이 질책하시는 것입니다.

만나교회에는 토요 예배가 있는데, 한번은 어느 권사님이 제게 토요 예배를 만들어주셔서 정말 감사하다고 인사를 해오셨습니다. 그 권사님은 얼마 전부터 토요 예배를 드리고, 주일에는 교회 다니지 않는 분을 자기 집으로 초대해서 함께 영상으로 예배드린다면서 잃은 양 하나를 자기에게 붙여주신 하나님께 감사하다고 고백했습니다.

저는 그 이야기를 들으면서 성도들이 교회에서 예배드리는 것보다 잃은 양 한 마리를 찾아가는 것을 하나님이 더 기뻐하실 것 같다는 생각이 들었습니다. 우리가 주일마다 교회에서 예배드릴지라도, 정작 잃어버린 자를 찾길 원하시는 하나님의 마음을 모르고 있다면 하나님은 기뻐하지 않으십니다.

우리에게 잃은 양을 찾아갈 마음이 생길 때, 우리 안에서 간증이 일어나며 참된 기쁨을 누릴 수 있습니다. 한국 교회가 하나님의 기쁨을 아는 교회, 하나님이 기뻐하시는 일을 함께 기뻐하는 교회가 되면 좋겠습니다. 세상 가치가 아니라 하나님의 마음에 기준을 두는 교회가 된다면 더 바랄 게 없을 것 같습니다.

우리의 예배가 우리만의 예배로 끝나지 않고 모두의 예배가 되길 바랍니다. 교회 안에서만 드리는 예배가 아니라 교회 밖에서도 드려지는 삶의 예배가 되길 간절히 원합니다.

## 예수님의 마음 알기

| | |
|---|---|
| 초판 1쇄 발행 | 2025년 3월 25일 |
| 지은이 | 김병삼 |
| 펴낸이 | 여진구 |
| 책임편집 | 최현수 구주은 |
| 편집 | 이영주 박소영 안수경 김도연 김아진 정아혜 |
| 책임디자인 | 정은혜 │ 마영애 노지현 조은혜 |
| 홍보·외서 | 진효지 |

마케팅       김상순 강성민                 마케팅지원  최영배 정나영
제작         조영석 허병용                 경영지원    김혜경 김경희

303비전성경암송학교 유니게 과정
이슬비전도학교 / 303비전성경암송학교 / 303비전꿈나무장학회

펴낸곳       규장

주소 06770 서울시 서초구 매헌로 16길 20(양재2동) 규장선교센터
전화 02)578-0003 팩스 02)578-7332
이메일 kyujang0691@gmail.com          홈페이지 www.kyujang.com
페이스북 facebook.com/kyujangbook       인스타그램 instagram.com/kyujang_com
카카오스토리 story.kakao.com/kyujangbook
등록일 1978.8.14. 제1-22

ⓒ 저자와의 협약 아래 인지는 생략되었습니다.
이 출판물은 저작권법에 의해 보호를 받는 저작물이므로 무단 전재와 무단 복제를 할 수 없습니다.

책값   뒤표지에 있습니다.
ISBN  979-11-6504-602-6  03230

### 규 | 장 | 수 | 칙

1. 기도로 기획하고 기도로 제작한다.
2. 오직 그리스도의 성품을 사모하는 독자가 원하고 필요로 하는 책만을 출판한다.
3. 한 활자 한 문장에 온 정성을 쏟는다.
4. 성실과 정확을 생명으로 삼고 일한다.
5. 긍정적이며 적극적인 신앙과 신행일치에의 안내자의 사명을 다한다.
6. 충고와 조언을 항상 감사로 경청한다.
7. 지상목표는 문서선교에 있다.

하나님을 사랑하는 자 곧 그의 뜻대로 부르심을 입은 자들에게는 모든 것이 合力하여 善을 이루느니라(롬 8:28)

Member of the
Evangelical Christian
Publishers Association

규장은 문서를 통해 복음전파와 신앙교육에 주력하는 국제적 출판사들의
협의체인 복음주의출판협회(E.C.P.A:Evangelical Christian Publishers
Association)의 출판정신에 동참하는 회원(Associate Member)입니다.